AI와 애니메이션

AI문고

인공지능 시대입니다. 기계가 인간의 인지를 대신하고, 사물이 인간을 통하지 않고 다른 사물과 직접 커뮤니케이션합니다. 이에 따른 인간 삶과 문명 변화를 정확히 이해·예측·대응하는 것은 이 시대 우리 모두의 과제입니다. AI문고는 인공지능 기술과 환경의 여러 주제를 10가지 키워드로 정리합니다. 관련 개념과 이론, 학계와 산업계의 쟁점, 우리 일상의 변화를 다룹니다. 인간과 기술의 현재, 미래를 세심히 분석합니다.

일러두기

- 인명, 작품명, 저서명, 개념어 등은 한글과 함께 괄호 안에 해당 국가의 원어를 병기했습니다.
- 외래어 표기는 현행 어문규정의 외래어표기법을 따랐습니다.

처음이세요?

전문가세요?

AI와 애니메이션

김효용

대한민국, 서울, 커뮤니케이션북스, 2025

AI와 애니메이션

지은이 김효용
펴낸이 박영률

초판 1쇄 펴낸날 2025년 3월 4일

커뮤니케이션북스(주)
출판 등록 2007년 8월 17일 제313-2007-000166호
02880 서울시 성북구 성북로 5-11
전화(02) 7474 001, 팩스(02) 736 5047
commbooks@commbooks.com
www.commbooks.com

ISBN 979-11-7307-799-9 03500

책값은 뒤표지에 표시되어 있습니다.

차례

AI로 애니메이션 창조하기

과학인가, 마술인가? 조이트로프(zoetrope. 영화가 발명되기 전에 사용되었던, 착시형 애니메이션 기구)를 시작으로 몇몇 기구들이 세상에 아주 잠시 애니메이션의 가능성을 선보였을 때 사람들은 이런 반응을 보였을 것이다. 오랜 세월이 흘러 인공지능(Artificial Intelligence, 이하 AI로 표기)으로 만들어진 창작물, 애니메이션을 보는 지금의 창작자들도 똑같은 생각을 할 것이다. 지금의 AI는 과학인가, 마술인가? 아니면 꿈을 꾸고 있는 것일까?

AI가 일상 안으로 들어왔다. 사람들은 매일 인터넷과 스마트폰을 보면서 자연스럽게 AI를 접하고 있다. 이미 우리가 일상적으로 사용하는 인터넷과 스마트폰에는 AI 기술이 내재되어 있다. '당신의 인생을 AI하라(AI Your Life)'라는 어느 중국 가전업체의 슬로건처럼, 따로 챗GPT와 같은 생성형 AI(Generative AI, GAI)를 사용하지 않더라도 우리 모두 이미 AI와 밀접한 관계 속에서 살아가고 있는 것이다.

AI는 개인화된 일상뿐 아니라 사회적 · 산업적 측면에서도 큰 변화를 가져오고 있다. 그 변화는 긍정적이기도 하고 부정적이기도 하며, 상상 이상으로 매우 다양하고 그 폭이 넓다. 현재로서는 어떠한 예측도 쉽지 않지만, 인간 고유의 영역으로 남을 것으로 예상되었던 창작 분야에서도 변화가 나타나기 시작했다.

오픈AI(OpenAI)가 생성형 AI인 챗GPT를 세상에 선보인 지 얼마 지나지 않아, 이제 AI가 콘텐츠 창작에 직접 관여하는 시대가 왔다. 콘텐츠 산업 가치사슬(기업 활동으로 부가가치가 생성되는 과정) 전반에 AI 기술이 활용되고 있고, 콘텐츠 제작 환경은 급격한 변화를 거듭하고 있다. 주제어나 몇 개의 키워드로도 이미지와 영상이 만들어질 수 있다는 점이 잘 믿어지지 않지만, 그럼에도 AI 발전 속도는 점점 더 빨라지고 있다. 필자가 2023년 넷플릭스(Netflix)에서 〈개와 소년(The Dog & The Boy)〉이라는 작품을 접할 때만 해도 AI가 가져올 혁신에 기대하는 바가 그리 크진 않았다. 하지만 2025년 현재, 인식과 정도의 차이는 있겠지만, 창작 생태계에 AI가 가져올 혁신적이고 거대한 변화의 흐름은 필자를 비롯한 수많은 콘텐츠 창작자들을 기대감으로 채우기에 충분해 보인다.

우리 모두 이 거대한 흐름과 대전환의 시대에 놓여 있다. 한 가지 분명한 점은, 우리가 아직 출발선에 있다는 것이다. 즉 지금은 시대에서 필요한 답을 찾고, 끊임없는 도전 가운데 새로운 가능성을 찾는, 창작자 그리고 애니메이터의 혜안이 반드시 필요한 시점이라고 할 수 있다.

초지능화 시대의 개막

'인류 문명의 동인(動因)', 현재 그리고 미래에 AI가 미치는 영향력을 표현하기에 적당한 문구라고 생각한다. 어느 신문 기사에 실린 이 문구는 인간의 한계를 넘어서는 파괴적 혁신의 초(超)지능화 시대가 열리고 있다는 점을 강조한다.

초지능화 시대, 인간을 둘러싼 많은 것들이 변화하고 있다. 그 변화는 매우 빠르며, 당장 다음 해에 일어날 일들을 상상하기조차 어려운 상황이다. 초지능화 시대에는 인간 영역과 AI 영역의 경계가 허물어지고 주체를 구별하기 힘들어진다. 결국 인간의 고유 영역으로 여겨졌던 여러 분야를 AI와 공유해야 하는 상황이 도래한 것이다. 창작의 영역도 마찬가지다. 이미 다양한 예술 대회에서 AI가 큰 두각을 나타내고 있다. 한 가지 중요한 것은, 창작은 무한하다는 점이다. AI가 모든 것을 대체할 것처럼 보이지만, 그러한 대체는 어디까지나 지금까지 인간이 보여 준 창작의 범위 안에서 이루어질 것이다. 따라서 창작자에게는 AI를 통한 창작의 혁신이 어디까지 이어질지 생성형 AI를 통해 그 가능성과 한계를 가늠해 보는 일과, 그에 따른 새로운 시도와 노력이 매우 중요해졌다.

AI 기술과 혁신, 게임체인저 생성형 AI

일상에서 우주에 이르기까지, AI가 현실과 가상을 넘나들며 세상의 중심이 되기까지는 그리 오랜 시간이 걸리지 않았다. 이러한 가운데 국가 · 기업 차원에서의 AI 패권 경쟁이 심화하고 있다. 마이크로소프트(Microsoft)를 비롯한 글로벌 빅테크 기업들은 대규모 언어모델(Large Language Model, LLM) 개발을 비롯해 AI 기술 고도화, 실질적인 AI 서비스 개발 등에 박차를 가하고 있다. 주목할 만한 AI 기업도 탄생했다. 알파고(AlphaGo)로 잘 알려진 딥마인드(DeepMind)와 챗GPT를 개발한 오픈AI가 그것이다. 오픈AI는 AI 시대를 연 핵심 기업이자 미래의 혁신 성장을 주도할 가장 중요한 기업으로 부상했다. 챗GPT와 같은 생성형 AI를 통해 세상의 지식과 정보는 새롭게 재편되고 있는 듯하다.

AI는 초융합화, 초연결화를 통해 5차 산업혁명을 이끌 핵심 기술로 부각되고 있다. 이에 따라 AI를 둘러싼 기업 간, 국가 간 경쟁이 매우 치열하게 벌어지고 있다. 글로벌 AI 주도권을 갖고 있는 미국은 국가 차원에서 대규모 AI 데이터 센터와 같은 첨단 인프라 구축에 심혈을 기울이고 있으며, 중국은 대규모 투자(2030년까지 약 1900조 원 투자)를 통해 글로벌 1위 AI 선도 국가를 목표로 하고 있다. EU는 AI 기술의 선제적 규제 확보에 집중하면서 최초의 법적 프레임워크를 제시하기도 했다. 한국 정부도 2030년까지 최신 AI 반도체 기술 등을 확보하고 AI 생태계 조성을 위한 '국가 AI 컴퓨팅 센터'를 구축하려 하는 등 AI가 국가의 미래를 좌우할 것이라는 판단하에 발 빠르게 움직이고 있다.

AI가 혁신 기술로 언급되는 이유는 여러 가지가 있겠지만, 그중에서도 특히 그것이 데이터 분석, 의사결정, 아이디어 발상 등에서 인간의 인지적 한계를 보완하고 새로운 가치를 창출할 뿐 아니라 인간의 문제 해결 능력을 한 차원 높게 업그레이드한다는 점이 중요하다. 또한 AI는 미래형 첨단 산업이라고 할 수 있는 전기 자율주행차, 스마트 시티, 양자컴퓨터, 우주 산업, 바이오 기술 등 관여하지 않는 산업이 없을 정도로 광범하게 활용되며 매우 방대하고 중요한 기반 기술로 급부상하고 있다. 이로써 우리는 4차 산업혁명 시대를 선언한 지 얼마 지나지 않아 5차 산업혁명 시대, 즉 진정한 초지능화 시대로 접어들고 있다.

생성형 AI는 AI 기술의 결정체라고 할 수 있다. 생성형 AI가 불러온 일상의 변화를 보면, AI가 우리에게 어떤 혁신적 변화를 가져왔는지 더욱 분명하게 알 수 있다. 인간이 일상에서 정보를 검색한다는 개념은 인터넷이 발전하면서 출현했다. 키워드나 주제어를 넣는 정보 검색을 넘어 유튜브에서 동영상을 검색해 좀 더 구체적이고 전문적인 지식을 얻을 수 있었다면, 생성형 AI를 통해서는 더욱 다양하고 직관적 · 입체적 · 전문적인 검색 결과를 얻을 수 있게 되었다. 즉 생성형 AI는 관련된 정보를 찾아서 단순히 분석하고 제시하는 것보다는 새롭게 만드는 것에 초점이 맞춰져 있다. '생성'이 뜻하는 바가 여기 있다고 생각할 수 있다.

생성형 AI는 이 시대의 게임체인저(Game Changer. 사회나 산업에 큰 변화를 불러일으킬 정도로 혁신적인 아이디어 등)가 되고 있다. 생성형 AI는 실질적으로 사회와 산업에 큰 영향을 미치고 있으며, 생성형 AI를 통해 효율적 업무 환경, 단시간 내 다양한 결과물 생산이 가능해지면서 창작 환경에도 많은 변화가 예상된다.

생성형 AI가 등장하면서 새롭게 생성되는 결과물들이

주목받기 시작했다. 특히 창작이라는 측면에서 '생성이라는 것은 무엇인가'라는 본질적인 질문을 던질 수 있다. 생성은 '(새롭게) 생겨난다'라는 의미를 갖고 있는데, 여기서 '생겨난다'라는 의미 자체보다는 '어떻게 생성할 수 있는가'가 창작자에게는 더 큰 혁신의 의미를 갖는다.

애니메이션을 생성하다

사전적 의미에서 창작은 '예술 작품을 독창적으로 지어내는 것'을 뜻한다. 예술에서 대중문화로 자리바꿈을 한 것 같지만 애니메이션은 여전히 창작자들이 밤새 몸서리치면서 세상에 내놓은 독창적 창작의 산물이다. 하지만 이제 애니메이션 정도는 AI가 너무나 쉽게 만들 수 있기 때문에 향후 애니메이션을 시청하는 관객들은 애니메이션을 창작했던 창작자들의 진심이 담긴, 그 참되고 고된 과정을 알 수 없을 것이다. 애니메이션을 창작하는 것이 아니라 생성하는 시대가 온 것이다.

AI가 있기 전부터 애니메이션은 기술과 함께 발전해 온 콘텐츠 산업이자 장르(genre)다. 애니메이션이 한 장의 이미지가 아니라 여러 장의 이미지들로 이루어져 있고, 이 여러 장의 이미지들이 이어져야 비로소 애니메이션이 되기 때문에 애니메이션이 산업이 되고 장르가 되는 과정에서 기술의 역할은 매우 중요했다. 애니메이션의 핵심은 실사와 구분되는 인위적인 움직임으로, 그 자체가 바로 기술의 영역이다. 애니메이션은 기술을 통해 시각적이고 움직임을 표현하는 자동 생성된 결과물을 얻을 수 있었다. 불과 1~2년 전만 해도 창작자들에게 챗GPT나 미드저니(Midjourney)와 같은 생성형 AI는 애니메이션과 직접적으로 연관된 기술이 아니라 그저 참고할 만한 기술로 인식되었을 것이다. AI 기술의 가치를 좀 더 빠르게 눈치챈 창작자라고 해도 영상이나 애니메이션을 AI로 생성하는 기술이 나오려면 좀 더 시간이 걸릴 것이라고 생각했을 것이다. 그러나 얼마 지나지 않아, 생성형 AI는 콘텐츠 그리고 애니메이션 제작 패러다임을 바꿀 혁신적 기술임이 드러났다.

애니메이션은 다른 콘텐츠에 비해 매우 복잡하고 연속적인 과정을 통해 제작된다. 이러한 이유로 애니메이션 제작 과정을 파이프라인(pipeline)이라고 부르기도 한다. 이러한 과정은 기획(Pre-Production), 제작(Main-Production), 후반 작업(Post-Production)의 단계로 구분되는데, 단계마다 많은 인원이 투입되어야 하고 그 과정 속에서도 다각적인 협력과 원활한 소통이 요구된다. 이러한 구분은 다소 기능적이라고 할 수 있기 때문에 AI로 대체 가능한 부분이 많이 있다. 하지만 창작품으로서 애니메이션이 갖는 본질과 가치는 AI로 대체하기 쉽지 않을 것이다.

창작자인 애니메이터가 앞으로 어떠한 관점에서 AI를 활용해야 하고, 미래의 애니메이션 창작을 위해서는 어떤 준비를 해야 할지에 대한 향후 방향성 등은 계속되는 논의와 정보 공유 등을 통해 가늠할 수 있을 것이다.

창작과 생성의 균형

이 책의 목적은 한마디로 '창작자로서 애니메이션 제작에 AI를 활용할 방법을 탐색하고, 창의적인 작품을 위한 AI 활용을 효율적으로 준비할 방법과 방향성 등을 모색하는 것'이라고 할 수 있다. 이와 같은 목적과 함께 책 전체를 관통하는 핵심 키워드로 '창작(creation)'과 '생성(generation)'을 제시하고자 한다. 창작과 생성은 같은 듯하지만 다른 점들이 있다. 창작의 과정에는 고통이 따르지만 창작자로서의 성취가 있을 것이고, 생성은 빠르고 쉽게 결과를 만들어 낼 수 있지만 창작만큼의 만족감은 떨어질 것이다. 이 두 개념은 양립할 수 없을 것처럼 보이지만, 사실 상호 보완적 관계를 맺을 수 있다. 이전에 수업 시간에 AI를 활용해 작품을 만들던 학생에게 소감을 물은 적이 있다. 그때 그 학생이 했던 말이 기억에 남는다. "여러 이미지를 만들고, 거기서 선택할 수 있어서 좋긴 한데, 제가 만들었지만 … 제 것 같지가 않아요." 이처럼 생성 자체로 창작을 대체하는 대신 창작과 생성의 조화와 균형을 찾는 것이 오늘날 창작자에게 주어진 좀 더 중요한 임무라고 할 수 있다.

창작과 생성의 균형을 찾으려면 최종적 목표로 하는 창작의 결과를 명확히 할 필요가 있다. 목표가 명확하지 않으면 결과적으로 원하는 창작물을 창작하기 쉽지 않을 뿐 아니라 현재 대두되고 있는 다양한 문제로 인해 최종 결과물을 활용하는 데에도 문제가 생길 수 있다. AI를 통해 생성된 저작물을 최종 콘텐츠로 활용하는 데에는 사회적 인식, 저작권법 등 많은 제약이 따르기 때문이다. 결국 현시점에서는 아이디어 등을 시각화하고 전체적인 장면을 미리 구성해 보면서, 급변하는 AI 환경 속에서 자신만의 최적의 AI 활용법을 찾아가는 과정이 필요해 보인다.

창작과 생성의 균형이라는 관점에서 보면, 창작자가 기대하는 최적의 설루션은 첨단 AI 기술을 활용해 효율적으로 창작품을 기획하고 제작하는 과정일 것이다. 이러한 과정에서 창작과 생성의 관계를 조화롭게, 상호 보완적이게, 균형감 있게 유지할 필요가 있다. 이 과정은 본격적으로 AI가 전공 교과목에 적용되기 시작하는 대학 교육에서부터 출발할 필요가 있다. 학생 때부터 AI를 창의성 발휘의 도구로 효율적이면서도 절제하며 사용해야 하는데, AI의 기능 등에 매몰되어 맹목적으로 사용하는 것은 오히려 창의성을 떨어뜨리거나 목적에 맞지 않게 될 수 있다. 이러한 결과는 향후 사회에서 요구될 문제 해결 능력을 저하시킬 수도 있기 때문에 대학 교육 과정 속에서도 면밀한 논의가 필요하다. 이러한 맥락에서 이 책은 필자가 교육 과정 속에서 수업하고 학생을 지도하며 경험한 내용들을 틈틈이 사례로 제시한다.

이 책의 구성

언뜻 제목을 보면 이 책은 AI 애니메이션을 교육하기 위한 교과서나 매뉴얼처럼 보일 수도 있다. 일단 애니메이션을 기획하고 제작하는 측면에서 AI와 관련된 모든 내용을 다루었기 때문에 그렇게 활용해도 무방하다. 하지만 이 책을 애니메이션에서의 AI 활용을 위한 지침서로 활용하는 것이 더 좋은 방법임을 미리 알려 두고자 한다. 이러한 맥락에서 이 책은 기술적이고 세부적인 AI 사용법을 소개하는 대신, 애니메이션 크리에이터의 관점에서 AI를 통찰하면서 창의적 프로젝트 기획 · 제작을 더 효율적으로 준비하고 방향을 잡을 수 있게 하는 데 초점을 맞춘다. 특히 이 책은 창작자를 위한 '자신만의 AI 애니메이션 제작 설루션'을 찾을 수 있도록 하는 구조로 구성되었다. 어떤 면에서는 이 책의 모든 장이 단일한 설루션을 제시하고 있다고 할 수 있지만, 특히 4장 "애니메이션을 위한 생성형 AI 사용법"에서 AI를 통해 창작의 설루션을 찾는다는 것이 어떤 의미인지 그리고 어떻게 설루션을 찾아갈 수 있을지에 대한 좀 더 명확한 지침을 제시하고자 했다.

이 책은 열 개의 장으로 구성된다. 각 장은 서로 연결되면서 총체적으로 이해할 수 있게 구성되면서도 그 나름대로 개별적 완성도를 갖는다. 장 제목을 결정할 때 중요하게 고려한 점으로는 두 가지가 있다. 첫째는 AI를 기술로만 보고 접근하는 것이 아니라, 창작자 관점에서 AI에 대한 통찰과 혜안을 가질 수 있도록 하는 것이었다. 새로운 기술은 창작자의 관심을 끌 수 있지만, 동시에 무엇을 어떻게 할지에 대한 막연한 두려움도 불러일으킨다. 사회적으로 크게 주목받는 기술일수록 더욱 그렇다. AI가 무엇이고, 그것에 어떤 장점과 단점이 있으며, 창작자로서 그것을 활용하려면 어떤 준비를 해야 하고, 그것에 무엇을 기대할 수 있는지를 같은 창작자 입장에서 전달하는 것은 다른 창작자들에게 도움이 될 것이라고 생각한다. 둘째는 AI를 통한 애니메이션 제작의 가능성을 촘촘하게 탐색하는 것이었다. 창작자 입장에서 제일 궁금한 것은 AI를 통해 키워드만으로 애니메이션을 만들 수 있느냐다. 본문에 그 가능성과 한계에 대한 자세한 설명이 있다.

이 책의 전체적 구성은 다음과 같다. 애니메이션의 전 제작 과정을 기획(6장), 제작(7장), 후반 작업(8장)으로 나누어 각 단계에서의 AI 활용을 살핀다. 이를 중심으로 크리에이터의 창작 관점(1장, 9장)부터 생성형 AI에 대한 이해와 학습(3장, 4장, 5장), 애니메이션 산업 측면(2장, 10장)에 이르기까지 애니메이션 생태계의 가치사슬을 이루고 있는 다양한 주체의 관점에서 AI 활용과 그 지향점을 제시하고자 했다.

AI가 콘텐츠와 애니메이션 분야에서 큰 이슈가 되고 그 영향과 귀추가 주목받으면서 정말 많은 학습서와 관련 전문 도서 등이 출간되었다. 모두 의미가 있고 일부 도서는 이 책의 집필에 직접적으로 도움을 주었다. 그렇게 많은 책들이 이미 있음에도 이 책을 저술하는 목적은 창작자로 하여금 'AI에 대한 통찰과 자신만의 AI 창작 설루션'을 찾을 수 있도록 지침을 주기 위해서다. 이러한 시도가 필자가 교육하고 지도하는 수많은 학생들과 애니메이션의 미래를 함께 고민하는 전문가들에게 조금이나마 도움이 되기를 희망한다.

참고문헌

곽수근·윤진호(2025.1.2). 알파고 쇼크 10년… AI, 세상의 판을 쥐다. ≪조선일보≫, https://www.chosun.com/economy/science/2025/01/01/MTQSEGCX2NH7TFADVTE4Z37NMM/?utm_source=naver&utm_medium=referral&utm_campaign=naver-news

김효용(2018). 『애니메이션 기술론』. 커뮤니케이션북스.

박혁태(2024). AI가 이끄는 콘텐츠 산업혁명, 현재와 미래. *KOCCA FOCUS*, 166.

01
AI, 크리에이티브 경험의 확장

AI는 데이터를 통해 학습하고 무언가를 새롭게 생성해 낸다. 이렇게 생성된 것을 창작물이라고 할 수 있을지에 대해서는 아직 여러 측면에서 논란의 여지가 있지만, 적어도 AI가 생성하는 것이 창작자의 크리에이티브 경험을 확장하고 새로운 시도에 대한 기회를 마련했다는 것은 분명해 보인다.

AI와 1인 창업?

AI로 무엇을 할까?

인터넷을 통한 지식과 정보의 대확산, 디지털로의 대전환, 메타버스를 통한 가상세계로의 확장을 거쳐 우리는 AI를 통해 또 한 번 일상의 혁신적 변화를 경험하고 있다. 20세기 중반부터 AI 연구가 본격화했지만 사람들은 실제로 AI가 어떻게 사용되고 무엇을 할 수 있는지에 대해 정확하게 알지 못했다. 공상과학 소설이나 영화에 등장하는 AI를 통해 어렴풋이 AI의 존재와 의미를 아는 데 그쳤다. [필자도 2001년 개봉한 스티븐 스필버그(Steven Spielberg) 감독의 영화 〈AI〉를 통해 처음으로 AI에 관심을 갖고 정보를 얻었던 것으로 기억한다.] 국내에서 AI가 주목받기 시작한 계기는 아마도 2016년 알파고(AlphaGo. 구글의 딥마인드가 개발한 인공지능 바둑 프로그램) 대 이세돌의 대국이라는 이벤트였을 것이다. 그러다가 2023년 오픈AI가 생성형 AI인 챗GPT를 세상에 선보이면서 AI는 공상과학 영화에서나 나오는 가상의 존재나 어딘가에 내재된 기술이 아니라 일반 사람들에게 매우 구체적이고 현실적이며 시각적인 경험을 제공하는 기술로 변모했다.

생성형 AI는 정말 다양한 작업들을 수행할 수 있다. 프로그래밍을 하고 보고서도 작성하며, 자료를 분석하는가 하면 자기소개서를 작성하기도 한다. 그뿐 아니라 소설을 쓰고 음악을 작곡하고 그림을 그리는 일은 인간 고유의 특성인 창의성에 관련된 영역에 속하지만 AI는 이 일들 또한 거침없이 수행하고 있다. 인공지능이라고는 하지만 어떤 면에서는 인간의 지능을 뛰어넘은 것이 아닌가 하는 생각이 들 때도 있다. 미래학자 레이 커즈와일(Ray Kurzweil)이 언급한 특이점(기술이 인간을 초월하는 순간)이 오게 되면, 지금 AI가 하는 놀라운 일들조차 아주 초보적인 단계의 일들에 지나지 않을 가능성이 크다. 이는 AI가 사전에 학습한 데이터에 의존하지 않고 스스로 문제를 해결할 수도 있다는 것인데, 지금까지 경험하지 못한 인류의 지능을 넘어서는 존재에 대한 막연한 기대감과 두려움이 동시에 밀려온다. 이는 최근 AI 연구로 노벨상을 받은 토론토대학교 교수 제프리 힌턴(Geoffrey Hinton)을 비롯한 많은 석학들이 AI의 발전 속도에 대해 경고한 이유이기도 하다. 그뿐 아니라 가까운 미래에 인간이 AI로 할 수 있는 일이라면 그 일은 미래에 AI의 일로 대체될 가능성이 크다. 프로그래머와 같은 기술직이나 기사·뉴스 등 미디어 콘텐츠의 생산자, 일자리 수가 상대적으로 적은 전문직 등을 비롯해 AI가 대체할 수도 있는 일자리는 셀 수 없을 정도다. 이러한 대체는 과거 신기술들이 낮은 소득의 일자리를 대체한 것과는 다른 양상을 보인다.

일자리뿐 아니라 인간의 영역까지 대체 대상이 되고 있다. 창작은 AI가 인간에게 미칠 영향에 대한 기사나 논평에서 빠지지 않고 언급되는 주제다. 그만큼 창작은 AI가 도달하기 어려운 인간 고유의 영역이기 때문에 AI 기술 고도화 수준의 바로미터(barometer)가 될 수 있다. AI는 창작의 경험뿐 아니라 창작과 관련된 모든 경험을 확장할 수 있다. 그러한 확장에는 창작자와 관객(청중) 간 상호작용 경험의 확장도 포함된다.

창작 환경에서 생성형 AI의 영향력이 확대되면서 콘텐츠 그리고 애니메이션 분야가 AI 시대를 맞아 어떤 준비를 해야 하는지 스스로 판단하는 일은 점점 더 중요해지고 있다. 새로운 도전에 앞서, 변화하는 창작 환경을 어떤 의미로 받아들일지에 대한 기준을 마련하고 그 기회를 창작의 새로운 경험으로 자연스럽게 스며들게끔 하는 일은 새로운 시대를 준비하는 출발점이라고 할 수 있다.

새로운 기회와 도전

AI를 통한 확장의 경험은 창의성에 기반한 모든 영역의 아티스트와 디자이너 그리고 콘텐츠 크리에이터에게 창작에 대한 새로운 도전이자 기회로 작용할 수 있다. 필자는 '디지털스튜디오'라는 수업을 진행한 적이 있다. AI를 비롯한 디지털 콘텐츠 기술과 그래픽 소프트웨어 등을 활용해 다양한 콘텐츠를 기획·제작하는 수업이었다. 다양한 전공의 학생들이 이 수업을 수강했는데, 그중 순수 예술인 회화를 전공하던 한 학생은 물결을 사실적으로 표현한 자신의 회화 작품을 영상화해 물결의 움직임을 구현하는 데 AI를 활용했다. 결과물은 상당히 자연스러웠다. 만약 학생이 AI를 활용하지 않고 일일이 작업했다면 많은 시간과 노력이 필요했을 것이다. 그뿐 아니라 AI를 활용했기 때문에 이러한 창의적인 아이디어가 나왔다고 생각한다. AI를 활용하지 않았다면 이러한 아이디어를 쉽게 생각하지는 못했을 것이다. 이처럼 AI는 크리에이터나 아티스트의 창작과 경험 등을 확장시켜 줄 수 있다.

창작자들이 AI를 통해 여러 기회를 얻을 수 있는 시대가 왔다. 이제 창작자가 그 기회를 잡아 AI로 무엇을 창작할 수 있을지 고민해야 한다. AI 기술은 이미지를 생성하고, 영상을 편집하며, 복잡한 작업들을 자동화할 수 있지만 이를 가능케 하는 스토리라인과 프롬프트는 결국 인간의 창의력에서 비롯한다. 앞으로 생성형 AI가 창작의 99퍼센트를 담당하더라도 1퍼센트의 창의성이 작품의 가치를 결정지을 가능성이 크다. 앞서 언급한 학생의 사례에서 AI는 그저 회화 작품에 그칠 수 있던 작품을 영상, 미디어아트로 확장할 수 있게 했고, 이로써 작품 원본의 가치 또한 높였다. 그렇게 멋진 창작품이 탄생한 것은 창작자가 자신에게 주어진 AI 활용 기회를 고민하고 그것을 실행에 옮긴 덕에 가능했다.

창작과 생성

AI가 생성한 결과물은 저작권 측면에서 여전히 논란의 여지가 있지만, 그것이 창작자의 아이디어를 견인하고 새로운 발상으로 경험을 확장하고 있다는 점은 분명해 보인다. 게임 산업이나 애니메이션 산업에서는 본 콘텐츠를 제작하기에 앞서 기획 단계에서 콘셉트 이미지 등을 만든다. 콘셉트 이미지는 아이디어 단계에서 실제 제작될 콘텐츠의 스타일과 방향을 잡는 데 활용되고 실제 작업할 디자인의 레퍼런스(reference) 역할을 한다. 따라서 가급적 이미지들을 많이 만들면서 명확한 아이디어를 수립해 가는 과정이 보편적이다. 이러한 과정에 생성형 AI를 활용하면 콘셉트아티스트들이 긴 시간 동안 작업할 양을 빠르게 생성하고 처리할 수 있기 때문에 창작자와 기업의 제작 활동이 더 원활하고 효율적으로 이루어질 수 있다. 물론 그 과정에서 창작의 결과물과 AI가 생성하는 결과물을 어떻게 구분하고 그 사이 균형을 맞출 것인지에 대한 고려는 반드시 필요해 보인다.

창작과 생성은 이제 창작의 영역에서 공존해야 하는 개념들이다. 창작과 생성 모두 어떤 것을 만든다는 의미에서는 같다. 생성은 AI가 크리에이티브 경험을 확장하는 방식이라고 할 수 있다. 처음부터 생성이 아니라 창작의 과정을 밟아 나갈 창작자들도 있을 것이고, 그러한 과정을 통해 나온 결과물은 더욱 가치 있을 것이다. 하지만 생성은 창작 과정이 더 빛나도록 조력하는 역할을 할 수 있다. 이제 콘텐츠를 기획하고 제작할 때 창작과 생성 즉 창의력과 기술력을 조화롭게 활용하는 것은 AI 시대 콘텐츠 크리에이터로 성장하는 데 매우 중요한 역량이다. 픽사(Pixar)의 존 래시터(John Lasseter)는 다음과 같은 명언을 남겼다. "예술은 기술을 변모시키고, 기술은 예술에 영감을 준다(The art challenges the technology, and the technology inspires art)." 이 말에서도 알 수 있듯 예술과 기술, 창의성과 기술은 상호 보완하고 융합하면서 발전해 나가고 있으며, AI 시대의 창작과 생성 또한 같은 맥락에서 이해해야 한다.

참고문헌

김효용(2018). 『애니메이션 기술론』. 커뮤니케이션북스.

02
애니메이션에서 AI의 의미와 활용

AI를 활용하기 전에, 애니메이션에서 AI가 창작자에게 어떤 의미를 갖는지 생각해 보자. 각자 기대하는 것도, 우려하는 것도 있을 수 있다. AI는 각자에게 다른 의미를 지닐 것이다. 분명한 것은 이 시점에서 '창작자의 관점에서 AI를 어떻게 활용할 것인가', 'AI를 활용해 어떤 애니메이션을 만들 것인가'를 고민해야 한다는 점이다.

AI와 MBTI?

기술의 진화, AI

끊임없는 기술의 진화는 우리 일상과 사고를 변화시켜 왔다. 그중 몇몇 혁명과도 같은 수준의 기술들은 인류 역사에 놀랄 만한 영향을 미치고 있다. 인터넷은 전 세계를 연결하면서 지식과 정보를 기하급수적으로 생산하고 있고, 스마트폰은 정보통신 산업뿐 아니라 인간의 생활과 커뮤니케이션 방식까지도 바꾸고 있다. 기술의 거듭된 진화 속에서 탄생한 AI를 통해, 인터넷이나 스마트폰 이상으로 파괴적이고 혁신적이며 기술 발전을 넘어서는 대전환의 시대가 도래할 것으로 예상된다.

인터넷이 지식과 정보를 무한히 확장하고 스마트폰이 커뮤니케이션 방식을 확장했다면, 최근 몇 년간 AI 기술은 글로벌 불확실성이 팽배한 가운데서도 사회, 경제, 문화, 산업 전체에 광범위하게 영향을 미쳤다. 이러한 현상은 향후 AI가 범용인공지능(Artificial General Intelligence, AGI) 형태로 진화해 가면서 더욱 심화할 것으로 예상된다. 이러한 AI 기술의 영향력과 가능성에 대해 AI와 정보시스템 분야의 세계적 석학인 에릭 브리놀프슨(Erik Brynjolfsson)과 앤드류 매캐피(Andrew McAfee)는 다음과 같이 언급했다. "250년 이상 경제 성장의 근본적 동인은 기술 혁신이었다. 이 중 가장 중요한 것으로는 경제학자들이 범용 기술이라고 부르는 증기기관, 전기, 내연기관 등이 있다. 우리 시대 가장 중요한 범용 기술은 인공지능이다." AI 기술에 기반한 생성형 AI는 기존 사회 · 산업에서 통용되던 다양한 서비스와 창작 방식 등에 혁신적인 변화를 불러올 수 있다. 생성형 AI는 사람들이 필요로 하는 다양한 텍스트, 이미지, 음성 · 음악, 비디오 기반의 결과물들을 만들 수 있고, 사람들이 어떤 결과물을 만드는 과정에서 보조 역할을 할 수도 있다. 이러한 결과물에는 예술품을 비롯한 다양한 창작물들도 포함된다.

생성형 AI

사전적 의미에서 AI는 인간의 지능을 모방해 인간의 학습 능력을 비롯한 다양한 지적 능력을 인공적으로 구현하려는 기술 또는 사람처럼 학습을 통해 답을 하거나 추론하는 기술이다. 이와 같은 AI 기술에 기반해 프롬프트에 따라 텍스트, 이미지 등을 생성할 수 있는 인공지능 시스템이 생성형 AI다. 생성형 AI에는 다양한 유형이 있다. 이미지 생성에 특화된 이미지 생성형 AI, 비디오 생성에 특화된 비디오 생성형 AI 등이 그것이다. 일반적으로 창작과 관련된 AI를 생성형 AI라고 부를 수 있다.

필자는 생성형 AI가 무엇인지 다양한 경로를 통해 알아보았는데, 그중 생성형 AI인 챗GPT(4o 버전)에 생성형 AI를 정의해 보라고 요청했더니 다음과 같은 결과 값을 주었다. “생성형 AI는 입력 데이터를 기반으로 새로운 콘텐츠를 생성할 수 있는 인공지능 기술을 의미합니다. 기존 데이터를 학습하여 이를 바탕으로 텍스트, 이미지, 음성, 음악, 비디오 등 다양한 형태의 창작물을 생성할 수 있습니다.” “창의적 결과물 생성: 단순히 데이터를 분석하거나 분류하는 것이 아니라, 새로운 결과물을 창의적으로 생성합니다.” 생성형 AI의 의견과 사람의 의견 간 견해 차이가 있을 수 있지만, 생성형 AI 스스로가 창의적 결과물을 생성할 수 있다고 여긴다는 점이 인상적이었다.

사실 생성형 AI가 무엇인지는 직접 사용해 봐야 가장 정확히 알 수 있을 것이다. 창작자라면 새로운 툴에 관심을 가질 것이고, 한번 사용해 본다면 생성형 AI를 통해 열릴 새로운 창작 가능성에 기대감을 품을 수 있을 것이다. 그 기대감은 다음과 같은 사실에서 나온다. 첫째, 생성형 AI는 사람들이 생각하지 못했던 방식과 빠른 속도로 아이디어를 구체화해 줄 수 있다. 창작자들은 아이디어를 구체화하는 과정에서 그것을 텍스트화하거나 스케

치하는데, 아이디어가 구체화될 때까지 이러한 과정을 수없이 반복한다. 생성형 AI는 그러한 수고를 대폭 줄여 준다. 둘째, 생성형 AI는 창작 과정에서 계속 반복되는 비생산적인 작업을 자동화해 생산성을 높여 준다. 애니메이션에서 동화 작업은 원화 작업과 달리 기능적 작업인 경우가 대부분이다. 3D 애니메이션 소프트웨어의 핵심 기능도 원화가 되는 키프레임 외의 작업인 인-비트윈(in-between)을 자동으로 해 주는 것이다. 생성형 AI는 동화 작업과 같은 기능적 작업을 창작자 대신 해 준다. 이 외에도 생성형 AI는 창작자의 독특한 취향과 개성에 최대한 적합한 결과물을 지속적으로 제공해 줄 수 있다. 단, 이 같은 이점들을 실제 작업 과정에 적용하려면 많은 시간과 노력이 필요할 것이다.

AI 애니메이션, 가능한가?

애니메이션 관련 창작자들과 기업들이 생성형 AI를 더 많이 사용하게 되고, 기술이 빠르게 발전하면서 여러 사람들이 궁금해하는 것이 있다. 특히 학생들이 많이 묻는 질문이다. "AI 애니메이션이라는 것이 가능한가요?" 대답은 "예스(yes)"다. 단순히 이미지의 프레임이 합쳐져서 움직임을 만들어 내는 것이 애니메이션이라면 그렇다.

하지만 창작자나 연출가의 완벽한 의도대로 만들어지는 것이 애니메이션이라면 아직은 "노(no)"일 것이다.

최근 발표된 여러 비디오 생성형 AI의 결과물은 실로 놀라울 정도다. 단순히 몇몇 장면만 보면 사람이 작업한 시각적 결과물과 크게 다르지 않기 때문이다. 특히 영상이나 애니메이션과 같이 많은 자본, 시간, 인력이 투입되어야 하는 분야는 생성형 AI가 만든 결과물을 보고 향후 제작에 대한 큰 기대감을 감출 수 없을 것이다.

1인 창작자 입장에서도 부족한 부분들을 AI로 채우면 더 도전적이고 완성도 높은 작품을 만들 수 있을 것이다. 그러한 측면에서 'AI를 활용한 쇼트폼(short-form) 애니메이션'은 1인 창작자가 도전해 볼 만한 유형의 애니메이션이라고 할 수 있다. 현재 비디오 생성형 AI가 생성할 수 있는 영상의 길이가 제한적이고 짧은 만큼, 창작자의 의도가 완벽하게 표현되지 않더라도 콘텐츠로서 가치는 클 수 있기 때문이다. 비교적 짧은 일정 내에 다수의 작품을 플랫폼에 시리즈로 올릴 수 있다는 장점도 있다.

AI 애니메이션은 아직 형식이 아니라 내용과 창작의 가치 측면에서는 인정받지 못하고 있지만, 향후 기술이 발전하면 AI 애니메이션도 새로운 유형의 애니메이션으로 인정받게 될 날이 올 것이다. 단, 기존 애니메이션과는 다르게 창작의 영역을 대체하는 생성을 창작자들이 어떻게 인식하고 받아들이느냐에 대한 문제는 계속해서 숙제로 남을 수 있다.

참고문헌

이경선(2024). 생성형 AI 기술의 진화 방향과 정책과제. *KISDI Premium Report 2024-1.*

이정태(2020). 마음에 새겨둘만한 인공지능 명언 12가지. ≪AI 타임스≫, https://www.aitimes.com/news/articleView.html?idxno=127124

03
이미지 생성형 AI

이미지 생성형 AI가 콘텐츠 분야에 미치는 영향은 점점 더 커지고 있다. 콘텐츠는 대부분 이미지를 만드는 과정에서 나온 결과물이기 때문이다. 이미지 생성형 AI가 만들어 갈 새로운 창작의 시대의 가능성과 한계를 확인해 본다.

AI와 난임 극복?

이미지 생성형 AI의 종류와 특성

이미지 생성형 AI는 AI를 통해 이미지를 생성하는 기술이자 소프트웨어다. 대부분의 콘텐츠는 이미지 창작을 위한 다양한 시도에서 나온 결과물이다. 따라서 이미지 생성형 AI는 콘텐츠를 더욱 정교하고 풍부하게 만들 수 있다. 현재 정말 다양한 이미지 생성형 AI가 나타나고 있다. 특히 콘텐츠와 애니메이션 분야에서는 미드저니와 스테이블 디퓨전(Stable Diffusion)이 가장 널리 사용되고 있다. 생성형 AI의 단점인 불확실성을 보완할 수 있고, 기존에 사용하던 소프트웨어와 연동해서 사용할 수 있다는 장점이 있는 어도비 파이어플라이(Adobe Firefly) 그리고 오픈AI의 챗GPT와 통합되어 정확한 프롬프트 해석이 가능한 달리(DALL-E) 또한 주요 이미지 생성형 AI라고 할 수 있다.

미드저니는 2022년 출시되어 현재 애니메이션 산업 분야에서 널리 쓰이고 있으며, 여러 창작자들이 서비스를 이용하면서 최근 주목할 만한 발전을 이루고 있다. 미드저니는 디스코드(Discord) 내에 통합되어 있다. 원본 이미지를 넣으면 더 좋은 결과물을 얻을 수 있으며, 세련되고 창의적인 결과물을 생성한다. 특히 생성되는 이미지의 질이 높은 것으로 명성을 떨치며 콘셉트아트와 캐릭터 디자인 부문에서 뛰어난 성능을 보인다. 또한 미드저니는 독특하고 실험적인 시각적 표현을 테스트하기에도 용이하다. 텍스트 프롬프트를 활용해서 다양한 스타일과 분위기 등을 지정하면 일반적인 이미지 시각화 과정으로는 얻기 어려운 독특한 이미지들을 생성할 수 있다.

스테이블 디퓨전은 이미지를 프레임 단위로 합쳐 영상을 생성할 수 있고, 미드저니와 달리 세부 조절을 통해 다양한 포즈 등을 생성할 수 있다. 스테이블 디퓨전 역시 고품질의 이미지를 얻을 수 있어 현재 다양한 콘텐츠 분야에서 사용되고 있다. 그러나 이미지를 생성할 때 컴피UI(ComfyUI)라는 오픈 소스 모델을 사용해야 하는 등 이미지 생성 과정이 다소 복잡하고 어렵다는 단점이 있다. XL 버전은 기존 버전의 결과물보다 해상도가 높고 복잡한 이미지를 생성할 수 있는 확장판이다.

어도비 파이어플라이는 어도비가 2023년 공개한 생성형 AI다. 다른 생성형 AI와 달리 기존 어도비 크리에이티브 소프트웨어들과 연동할 수 있어 창작자들에게 익숙한 제작 환경을 제공한다는 장점이 있다. 예를 들어 2023년에는 어도비 포토샵(Photoshop)에 파이어플라이에 기반한 제너레이티브 필(generative fill, 생성형 채우기) 기능이 추가되었다. 프롬프트를 작성하면 기존 이미지에 생성된 이미지를 자연스럽게 합성하는 효과 등을 얻을 수 있으며 기존 이미지의 생성형 확장 또한 가능하다.

이미지 생성에서 동영상 생성으로

현재 생성형 AI의 중심 결과물은 이미지라고 할 수 있다. 활용도가 높고, 아직 다른 생성 결과물이 이미지만큼 완성도 있게 생성되지 않기 때문이다. 하지만 결국 생성형 AI의 궁극적인 목표 결과물은 동영상일 것이다. 동영상에는 생성을 통해 나온 결과물 모두가 담기기 때문이다. 이 결과물들을 조합하고 조화롭게 표현해서 완성한다는 것 자체가 동영상 생성형 AI가 고도화된 기술임을 보여준다. 아직 보완되어야 할 점과 한계가 보이지만 최근 출시된 동영상 생성형 AI는 충분히 생성형 AI의 중심이 이미지에서 동영상으로 이동할 수 있다는 가능성을 드러내고 있다.

동영상 생성형 AI의 발전 과정은 그리 오래되지 않았다. 동영상 생성형 AI는 2022년 메타(Meta)의 '메이크어비디오(Make-A-Video)'부터 2024년 오픈AI의 '소라(Sora)'에 이르기까지 짧은 기간 동안 주요 글로벌 테크 기업을 중심으로 여럿 출시되었고, 많은 기업들이 출시를 준비하고 있다. 스테이블 디퓨전을 개발한 스태빌리티AI(StabilityAI)도 오픈 소스 버전으로 스테이블 비디오 디퓨전(Stable Video Diffusion)을 출시했다. 혁신적인 텍스트 투 비디오(Text to Video), 이미지 투 비디오(Image to Video) 모델로서 더욱 직관적이고 구체적인 정보 전달이 가능하기 때문에 창작자의 의도를 더 적극적으로 실현할 수 있으리라는 기대를 모으고 있다.

이미지 생성형 AI의 불확실성

생성형 AI는 놀랄 만한 속도로 기대 이상의 결과물을 보여 주고 있지만, 아직 그 결과물이 완벽해 보이지는 않는다. 챗GPT가 잘못된 정보를 생성할 수 있다는 점, 예컨대 코딩 문제에 대한 잘못된 답을 생성하거나 기본적인 수학 문제 풀이에서도 오류를 일으킬 수 있다는 사실이 발견되었다. 특히 이미지 생성형 AI가 창작자의 의도대로 정교한 작품을 제작하는 것은 분명 한계가 있어 보이기도 한다. 이러한 AI의 불확실성에는 두 가지 원인이 있다. 하나는 기술적 요인이고 다른 하나는 저작권 문제다. 손가락을 여섯 개로 그린다든지, 캐릭터가 건물 배경을 뚫고 지나간다든지 하는 기술적 오류는 매우 흔한 편이다. 일례로 필자가 물고기라는 키워드를 제시하자 어도비 파이어플라이는 물고기의 이미지를 표현한 반면 오픈AI의 소라는 고양이를 보여 주었다.

기술적 오류에 비해 저작권 문제는 빠른 시간 내에 해결되기 어려울 듯하다. 사안이 다양하고 향후 저작권 침해 소송 등이 제기될 가능성을 배제할 수 없기 때문이다. 이미 널리 사용되고 있는 챗GPT도 오픈AI가 저작권에 대한 명확한 가이드라인을 제시하지 못하고 있다. 이 혼란스러운 상황에서 아직 명확한 침해 이슈가 불거지지는 않았지만 생성형 AI에 대한 저작권 문제는 언제라도 큰 사회적 문제가 될 수 있다. 이러한 우려로 인해 최근 여러 업계에서는 콘텐츠를 제작할 때 AI를 참고용으로 활용하되 AI가 생성한 결과물을 완성된 콘텐츠로는 제공하지 말 것을 권고하고 있다.

참고문헌

김윤명(2023). 생성형 AI와 저작권 현안. *KISDI AI Outlook*, 13.
민지영 외(2024). 『AI 영상 제작』. 길벗.
민지영 외(2024). 『AI 영화 제작』. 길벗.
한국콘텐츠진흥원(2024). 『2024 애니메이션산업백서』.

04

애니메이션을 위한 생성형 AI 사용법

애니메이션을 제작하는 과정은 크게 기획, 제작, 후반 작업 단계로 나눌 수 있다. 단계별로 사용될 수 있는 생성형 AI는 매우 다양하다. 시놉시스부터 편집에 이르기까지 생성형 AI 활용법을 알게 되면 애니메이션 창작 과정이 좀 더 새롭고 효율적이게 될 것이다.

AI와 사주?

생성형 AI 주요 사용법

챗GPT는 가장 범용적인 생성형 AI다. 필자[필자는 현재 유료 버전인 챗GPT 4o 버전을 사용하고 있다. 이 버전은 챗GPT의 플래그십 모델로 소개되며, 'o'는 '옴니(Omni)'의 약자다]를 비롯해 정말 많은 사람들이 챗GPT를 사용하고 있다. 이렇게 많은 사람들이 사용하는 이유로는 여러 가지가 있겠지만, 그중 일정 수준의 기능을 무료로 사용할 수 있고(이 정도의 기능도 일반인이 간단한 문서 작성 등에 활용하기에는 전혀 무리가 없다), 간단히 텍스트만 입력하면 되므로 사용이 쉬우며, 활용 범위가 매우 넓다는 점이 크게 작용했을 것이다.

그중에서도 사용하기 쉽다는 점이 사람들이 챗GPT뿐 아니라 생성형 AI를 많이 사용하는 이유일 것이다. 인터넷 브라우저에서 단순한 창(window)에 텍스트를 입력해 검색하는 것에 익숙한 많은 사람들은 사용자 경험(User Experience, UX) 면에서 생성형 AI에 기시감을 느꼈을 것이다. 생성형 AI 중에는 사용이 다소 까다로운 것도 있다. 그중 스테이블 디퓨전이 사용하기 어려운 것으로 악명이 높다. 고품질의 이미지를 생성할 수 있어 전문가들 사이에선 활용도가 높지만, 이미지 생성 시 컴피UI라는 오픈 소스 모델을 사용해야 하거나, 파이선(Python) 코드를 작성해야 하거나, 매개변수(프롬프트, 네거티브 프롬프트 등) 등을 조정해야 하는 경우가 있어 사용자들이 어렵게 느낄 수 있다. 처음 생성형 AI에 입문하는 창작자라면 사용하기 쉬운 프로그램을 선택하는 편이 좀 더 바람직해 보인다.

생성형 AI를 사용할 때 가장 기본적인 방식은 텍스트 형식의 프롬프트를 이용해 기대하는 이미지나 영상 등의 결과물을 얻는 것이다. 이러한 방식을 '텍스트 투 이미지(Text to Image)' 혹은 '텍스트 투 비디오(Text to Video)'라고 한다. 어도비에서 생성형 AI를 이용할 경우에는 어도비 소프트웨어에 내재된 '제너레이터(generator)' 기능을 이용해 손쉽게 생성된 이미지 또는 영상물을 얻을 수 있다. 이는 일반인도 쉽게 생성형 AI를 활용할 수 있도록 사용자 인터페이스(User Interface, UI)를 매우 단순하게 처리한 경우다.

어도비 파이어플라이는 '텍스트 투 이미지' 방식과 소프트웨어에 내재된 '제너레이터' 방식을 모두 지원하면서 아티스트가 원하는 이미지에 가깝게 연출을 조정할 수 있는 기능을 제공한다. 그중 '구조 참조'라는 기능은 아티스트가 제시한 이미지의 구조(선, 면 등)를 참조해 이미지를 생성하고, '스타일 참조'는 아티스트가 제시한 이미지의 스타일(컬러, 텍스처 등)을 참조해 생성되는 이미지의 유형을 변화시킨다. 이와 같은 방식은 아티스트가 AI를 활용할 때 좀 더 주도적인 역할을 할 수 있게 한다.

사용 방식이 쉽고 편리해야만 좋은 생성형 AI라고 말할 수는 없다. 하지만 사용 방식이 편리하다는 것은 오늘날 어떤 제품이나 서비스를 선택하는 매우 중요한 기준이 되고 있고, 창작자가 콘텐츠를 만드는 과정에서도 분명한 이점이 있다고 할 수 있다.

생성형 AI를 통한 제작 설루션 찾기

창작자가 생성형 AI를 사용한다는 것은 AI를 시작점으로 해서 창작의 완성에 도달하겠다는 의미로 이해할 수 있다. 현재 애니메이션에서 가장 유용한 AI 활용 방식은 애니메이션 제작의 전체 과정을 AI로 가이드하고 단계별로 융합적인 방식(메인 제작 단계에서 AI와 게임엔진을 활용하는 방안 등)을 사용하는 것이다. 즉 최상의 퀄리티를 낼 수 있는 기존 방식과 AI의 장점을 절충해서 활용하는 것이 현재로서는 가장 좋은 결과를 기대할 수 있는 방식이다. 하지만 주어진 환경과 제작 상황이 매우 다양하기도 하고, 프로젝트마다의 특성이 있기 때문에 많은 시도와 시행착오를 거치면서 각자가 기대하는 결과물에 맞는 최적화된 설루션을 찾을 필요가 있다. 어떤 경우에는 동등한 주제와 최종 결과물을 예정해 두고 생성형 AI로만 작업할 때, 생성형 AI를 활용해 직접 작업할 때, 생성형 AI 없이 기존 그래픽 소프트웨어만으로 작업할 때를 비교하면서 최적의 방법을 찾아가는 과정이 필요할 수 있다.

2023년 넷플릭스에서 공개한 〈개와 소년〉은 AI가 생성한 이미지를 배경으로 사용해 주목을 끌었다. 넷플릭스는 이를 "크리에이터를 보조해, 이미지 생성형 AI를 애니메이션 배경에 활용하는 것을 시도한 프로젝트"라고 불렀고 크레디트에도 배경 디자이너가 'AI(+Human)'로 기록되어 있다. 이 프로젝트가 현장 인력 수급의 어려움에서 시작되었다고는 하지만, 크레디트에서 인간을 표현하는 방식 등을 둘러싸고 다양한 논란이 일었다. 그럼에도 〈개와 소년〉은 배경을 시작으로 애니메이션의 다양한 요소들이 프로젝트 환경이나 기업 환경에 따라 생성형 AI의 결과물로 대체될 가능성을 보여 주었다. 또한 이 작품은 애니메이션 업계의 노동 환경, 기업들과 창작자들의 다양한 상황에 대해 고민하게 한다. 이처럼 AI가 애니메이션에 가져올 변화를 준비하는 시점에서 기대감과 우려감이 공존하고 있다.

애니메이션을 생성하다

창작자 입장에서 '애니메이션을 생성하다'라는 말은 다소 어색해 보일 수 있다. 생성이라는 용어가 다소 기계적인 느낌을 주고, 창작 분야에서 직접적으로 사용하게 된 것도 근래의 일이기 때문일 것이다. 하지만 앞으로는 이 말이 매우 자연스럽게 느껴질 것이고, AI로 생성된 애니메이션이 대중화될 가능성이 매우 높다.

'애니메이션을 생성하다'라는 말은 말 그대로 'AI를 통해 애니메이션을 만든다'는 의미로 이해할 수 있다. 이때 그러한 방식이 기존 방식과 무엇이 다르고 어떻게 다른지에 대한 의문이 들 수 있다. 처음 애니메이션을 공부하는 학생들이나 입문자들은 애니메이션 생성을 생소하게 느끼지도, 무엇이 다른지 궁금해하지도 않을 수 있다. 하지만 기존 제작 프로세스에 익숙한 학생들이나 크리에이터들, 애니메이션 종사자들에게는 분명한 이해가 필요하다. AI로 생성되었든 창작자에 의해 창작되었든 최종적으로 산출되는 결과는 동일하며, AI로 생성된다고 해서 애니메이션의 본질과 가치가 변하는 것은 아니다. 어떻든 관객이 원하는 것은 흥미롭고 재미와 감동을 주는 애니메이션이다. 하지만 애니메이션 생성은 창작자를 비롯한 애니메이션 관련 종사자들에게는 큰 전환점이다. 그것은 단지 창작에만 국한되지 않고 여러 환경적 변화를 불러일으키기 때문이다. 그러한 변화를 크게 창작 환경에서의 변화, 노동 환경에서의 변화로 구분할 수 있다. 우선 창작 환경에서는 애니메이션 제작의 전 과정에 필요한 요소들을 생성할 수 있는 프로그램들이 출시되었고, 프롬프트를 작성해 주제어를 애니메이션화하는 기술이 빠르게 발전하고 있다. 그뿐 아니라 AI는 다른 창작 기술들과 융합하며 고도화된 기술 중심 환경으로의 변화를 가속할 것으로 보인다. 노동 환경에서도 극적 변화가 일어날 가능성이 있다. AI는 애니메이션 생태계의 인력 구조와 체계 등을 뒤흔들 수 있는 영향력을 지녔다. 산업 구성원 간 충분한 논의를 거쳐 AI 활용의 다양한 가능성을 모색하는 과정이 필요해 보인다.

참고문헌

민지영 외(2024). 『AI 영상 제작』. 길벗.
민지영 외(2024). 『AI 영화 제작』. 길벗.
한국콘텐츠진흥원(2024). 『2024 애니메이션산업백서』.

05
애니메이션을 위한 프롬프트

모든 것이 사람의 손으로 창조되는 애니메이션의 제작 과정은 아주 면밀하고 세부적인 프롬프트를 통해 AI로부터 원하는 결과물을 얻는 과정과 매우 유사하다. 프롬프트를 잘 이해하는 것은 애니메이션 창작을 위한 지혜를 얻는 것과 마찬가지일 것이다.

AI와 아이돌?

프롬프트를 통한 AI의 이해

원래 프롬프트는 연극 공연에서 배우에게 동작이나 대사를 알려주되, 관객은 볼 수 없는 장치나 일을 의미했다. 한편 오늘날 프롬프트는 AI를 작동시키고 그것과 상호작용하기 위해 사용자가 입력하는 텍스트 등을 가리킨다.

생성형 AI에서 상호작용의 기본 형식은 입력-해석-출력이다. 이는 생성의 기본적 메커니즘이라고도 할 수 있다. 프롬프트는 입력에 관한 명령어로, 질문이나 키워드 등 다양한 형식으로 구성할 수 있다. 이미지도 프롬프트가 될 수 있다. 생성형 AI는 입력된 내용을 바탕으로 학습된 데이터에 기반해 적합한 정보를 예측하고, 출력을 통해 최적의 결과를 순차적으로 생성한다.

챗GPT나 이미지 생성형 AI를 사용할 때 프롬프트 작성의 가장 중요한 원칙은 명확한 질문을 던지고 구체적인 정보를 제공하는 것이다. '멋지고 아름다운 풍경을 만들어 줘'보다는 '높은 산과 푸른 들판이 있고, 하늘에는 하얀 구름이 떠다니며, 들판 위에서 하얀 양 떼가 풀을 뜯고 있는 풍경을 만들어 줘'라는 프롬프트를 입력할 때 생성형 AI가 창작자가 원하는 결과를 생성해 줄 가능성이 높다는 것이다.

결국 프롬프트 작성도 전략적으로 접근할 필요가 있고, 숙련될수록 효과적인 결과물을 생성할 수 있다. 이처럼 프롬프트의 중요성이 부각되면서 프롬프트 엔지니어나 프롬프트 매니저와 같은 새로운 직업도 생겨났다. 프롬프트 엔지니어는 AI를 통해 최적의 결과물을 얻을 수 있도록 AI에 입력할 프롬프트를 작성하고 개선하는 일을 담당한다.

애니메이션 제작 과정에서는 AI를 통해 이미지를 만들고, 영상을 편집하고, 복잡한 작업들을 자동으로 할 수 있을 것이다. 이를 위해서는 애니메이션에 적합한 프롬프트가 필요하고, 이 또한 인간의 창의력과 밀접하게 관련된다.

다양한 프롬프트 활용법

생성형 AI 활용에서 프롬프트의 중요성은 매우 크다. 프롬프트를 매매하는 곳이 따로 만들어질 정도다. 숙련된 전문가의 프롬프트와 일반인의 프롬프트 간 차이는 전문 작가의 글쓰기와 일반인의 글쓰기 간 차이에 비견할 만하다. 프롬프트는 키워드를 달리하거나 다른 종류의 생성형 AI를 사용하면 상이한 결과물이 나오기 때문에 몇 가지 경우를 테스트한 이후에 선택하는 과정이 필요하다.

예를 들어 필자가 '비 오는 날 가로등만 몇 개 켜져 있는 어두운 도심의 거리에서 지팡이를 가지고 걷고 있는 노인과 바닥에 놓여 있는 물고기의 내용으로 시놉시스를 작성해 줘'라고 입력하자 뤼튼(Wrtn) AI는 다음과 같은 시놉시스를 작성해 주었다.

제목: 비 오는 날의 만남

시놉시스: 어두운 도심의 거리, 비가 내리는 날. 가로등 몇 개만이 희미하게 빛을 발하며, 물방울이 떨어지는 소리와 함께 고요한 분위기를 자아낸다. 이곳에서 한 노인이 지팡이를 짚고 천천히 걷고 있다. 그의 얼굴에는 세월의 흔적이 가득하고, 눈빛은 깊은 생각에 잠겨 있다. 노인은 젊은 시절의 기억을 떠올리며, 잃어버린 것들에 대한 그리움을 느낀다. 그때, 그의 발밑에 물고기 한 마리가 바닥에 놓여 있는 것을 발견한다. 비에 젖은 물고기는 생명력을 잃어 가고 있으며, 노인은 순간적으로 그 물고기와 자신의 삶을 겹쳐 생각한다. 노인은 물고기를 살리기 위해 주변을 둘러보지만, 도심의 차가운 환경은 그에게 무관심하게 다가온다. 그는 물고기를 다시 물속으로 돌려보내기 위해 애쓰지만, 그 과정에서 자신의 외로움과 상실감을 마주하게 된다.

이 시나리오는 노인이 물고기를 통해 잃어버린 것들, 그리고 삶의 의미를 되새기는 과정을 그린다. 비 오는 날의 어두운 거리에서, 노인은 결국 물고기를 살리기 위해 작은 희망의 불씨를 찾게 된다. 이 이야기는 삶의 소중함과 연결의 필요성을 일깨우며, 비록 힘든 상황 속에서도 희망을 잃지 말라는 메시지를 전달한다.

똑같은 프롬프트를 챗GPT에 입력하자 다음과 같은 결과물을 생성했다.

제목: 비 오는 밤, 지팡이와 물고기

시놉시스: 비 오는 밤, 도심은 침묵에 잠겨 있다. 몇 개의 가로등만 희미하게 빛을 발하며, 젖은 아스팔트 위로 빗방울이 춤춘다. 거리의 적막을 깨는 건 지팡이로 땅을 짚는 노인의 발걸음 소리뿐이다. 허름한 코트와 모자를 눌러쓴 그는 고개를 숙인 채 무언가를 찾는 듯 주변을 둘러본다. 길 한가운데, 물웅덩이 근처에 작은 물고기 한 마리가 놓여 있다. 어쩌다 도심 한복판에 물고기가 있는지는 아무도 알 수 없다. 노인은 잠시 멈춰 서서 물고기를 바라본다. 가로등 불빛 아래, 물고기는 생명 없는 듯 보이지만 그 반짝이는 비늘은 아직 살아 있음을 암시한다. 노인은 지팡이를 천천히 내려놓고 물고기를 손에 집는다. 그의 손에는 세월의 흔적이 가

득하지만, 그 움직임은 한없이 조심스럽다. 그는 잠시 하늘을 올려다본다. 비가 그의 얼굴을 적시지만, 그 눈빛에는 깊은 슬픔과 결단이 스쳐 지나간다. 그는 천천히 걸음을 옮겨 근처의 작은 하천으로 향한다. 그곳에서 물고기를 놓아주려는 순간, 주변이 이상하게 조용해진다. 그리고 알 수 없는 힘이 그를 감싸며, 물고기가 반짝이며 사라진다. 노인은 아무 말 없이 하늘을 바라보며 그 자리에서 한참을 서 있다. 그날 밤, 도시는 아무 일도 없었다는 듯 평온해 보였지만, 그 노인의 발걸음은 무언가 변화를 만들어 낸 듯한 여운을 남긴다. 물고기와의 짧은 만남은 과거와 현재 그리고 미래의 기억을 이어 주는 신비로운 고리가 된다. 노인이 돌아선 후, 하늘에 비친 가로등 빛은 전보다 조금 더 따뜻하게 빛났다.

그다음에는 프롬프트 내용을 살짝 바꿔서 챗GPT에 입력했다. 그랬더니 다른 생성 결과를 보여 주었다. 생성형 AI가 만들어 낸 세 시놉시스 모두 상당히 훌륭했지만, 개인적으로는 뤼튼 AI가 제작한 시놉시스가 필자가 머릿속에서 그렸던 장면과 유사해 보였다. 이와 같이 같은 주제라도 프롬프트의 작은 차이, 생성형 AI의 종류에 따라 다른 결과를 얻을 수 있기 때문에 최적의 결과물을 얻기 위해서는 많은 시도가 필요하다.

프롬프트로 애니메이션을?

생성형 AI와 프롬프트를 통해 애니메이션 기획 단계에서 다양한 시도를 하는 것은 어느 정도 실효성을 인정받고 있다. 그러한 실효성은 필자의 수업 시간에서도, 업계 관계자들의 종합적인 의견에서도 확인되었다. 그렇다면 이어지는 의문은 '프롬프트로 애니메이션 제작의 전 과정을 수행할 수 있을까'일 것이다. 최근 출시된 생성형 AI는 기본적으로 '텍스트 투 이미지' 방식으로 텍스트 기반 프롬프트를 통해 다양한 결과물(이미지, 동영상, 사운드 등)을 생성한다. 이를 이용해 단계별로 요소들을 생성해서 합치면 애니메이션을 제작할 수 있다. 아직 기술적 · 연출적으로 많은 제한이 있지만 '텍스트 투 애니메이션'으로도 애니메이션을 온전히 제작할 수 있는 상황이다.

요컨대 아직 완성형은 아니지만 프롬프트만으로도 충분히 애니메이션을 창작할 수 있다. 결국 지금은 프롬프트를 어떻게 잘 활용할지에 대한 고려가 필요한 시점이다. 생성형 AI는 기본적으로 창작자가 대화형 검색창에 프롬프트를 입력하며 AI와 커뮤니케이션하는 방식으로 결과물을 생성한다. 이 과정을 통해 창작자의 의도가 창작물에 근접해 간다고 이해하면 좋을 것 같다. 생성형 AI

는 기본적으로 새롭고 독창적인 콘텐츠를 생성할 수 있도록 설계된 모델이다. 생성형 AI 모델은 기존의 수많은 메타데이터(metadata)를 학습한다는 의미에서는 기존 AI와 다를 바 없지만, 학습된 데이터를 통해 독창적이고 의미 있는 결과를 생성한다는 점에서는 창의적인 생성형 엔진에 더 가깝다고 할 수 있다.

생성형 AI가 단순히 기계적으로 결과물을 생성하는 것이 아니라 인간의 창의적 사고를 최대한 이해하고 의도에 적합한 결과물을 생성한다는 점을 이해했다면, 그것에 좀 더 인간적으로 접근할 필요가 있다. 우리가 누군가에게 어떤 답을 구하려 할 때 어떻게 좀 더 논리적이고 자세한 질문을 했는지, 원하는 답을 얻지 못했을 때나 상대방이 질문을 오해하고 있을 때 어떤 방식으로 접근했는지 등을 생각하는 경험적 사고가 필요해 보인다. 여러 생성형 AI 관련 참고서에서 자세한 질문과 피드백 반영, 테스트와 지속적인 반복을 통한 프롬프트를 강조하는 이유도 여기에 있다고 할 수 있다.

참고문헌

한국생성형AI연구원(2023). 『생성형 AI 프롬프트 디자인』. 광문각출판미디어.

06
애니메이션 기획 단계 AI 활용

애니메이션 기획 단계에서는 아이디어를 구체화하고 시각화하는 과정이 중요하다. 애니메이션 제작 과정에서 게임엔진이 애니메이팅을 실시간으로 렌더링하면서 효율성을 높였다면, 기획 단계에서는 AI가 아이디어의 시각화를 실시간 렌더링하는 역할을 할 수 있다.

AI와 야구?

애니메이션 기획과 AI 활용

애니메이션 기획(Pre-Production)은 '애니메이션을 어떻게 만들 것인가', '최종적으로 나타날 애니메이션은 무엇인가'를 결정하는 단계다. 이 단계는 아이디어 발상부터 애니매틱스(animatics)까지 아우르며 주로 텍스트, 이미지를 활용하면서 애니메이션의 전체적 스타일 등을 정의한다.

애니메이션 제작은 단계별 과정이 다양하고 복잡해 많은 사람들이 관여한다. 이들 간의 협업과 소통이 원활하게 이루어지려면 아이디어가 명확하게 공유될 필요가 있다. 이러한 이유로 기획 단계에서 제작 방향성 등이 많은 사람들과 공유되어야 한다. 소통의 기준을 설정하는 데에도 아이디어를 구체화하고 시각화하는 것이 매우 중요하다. 이와 같은 과정에 일상에서 많이 활용되는 챗GPT부터 미드저니에 이르기까지 다양한 생성형 AI를 폭넓게 사용할 수 있다.

아이디어를 생성하다

독창적이고 새로운 아이디어는 모든 애니메이션 창작자뿐 아니라 관객들이 호응하고 기대하는 바일 것이다. 이러한 이유로 기획 단계에 시간과 에너지를 쏟을 필요가 있다. 그러한 과정에 AI를 활용해서 아이디어를 빠른 시간 내에 구체화하고 시각화할 수 있다면, 창작자는 그만큼의 시간을 창의적인 아이디어 발상에 할애해서 더 다양하고 좋은 작품들을 만들 수 있을 것이다.

오래전부터 게임엔진은 애니메이션 제작에 필수적인 소프트웨어로 자리 잡았다. 특히 실시간 렌더링 기능은 애니메이션 제작의 효율성을 크게 향상했다. 이전까지 3D 소프트웨어에서 최종 애니메이션을 확인하려면 렌더링이 다 끝나기를 기다려야 했다. 물론 빠른 속도로 프리뷰하는 기능이 있었지만 최종 룩(look)을 통한 애니메이션은 아니었기 때문에 그것으로 최종 확인을 할 수는 없었다. 하지만 게임엔진을 사용하면 애니메이션을 렌더링된 모습으로 실시간으로 확인할 수 있고 즉각적인 수정도 가능하다. 이로써 애니메이션 제작의 효율성이 높아졌고 여러 애니메이션 스튜디오가 앞다투어 게임엔진을 중심으로 한 파이프라인을 구축하기 시작했다. 제작에 게임엔진이 있다면, 기획 · 아이디어 단계에는 실시간으로 아이디어를 렌더링하는 생성형 AI가 있다.

텍스트부터 스토리보드까지

창작자 머릿속의 아이디어가 세상 밖으로 나와 표현될

수 있게 하는 구체적인 방법들을 생각해 보자. 누군가에게 구두로 스토리텔링(storytelling)하는 방식도 있겠지만, 이보다 좀 더 구체적으로 다른 사람들에게 아이디어를 공유하기 위한 매개체가 필요하다. 그중 하나가 텍스트일 것이다. 예컨대 챗GPT와 같은 생성형 AI를 통해 시놉시스 등을 설정하면서 아이디어를 발전(develop)시킬 수 있다. 챗GPT와 같이 언어 생성과 대화형 생성에 특화된 AI는 글과 관련된 작업 전반을 수행할 수 있다. 그러한 AI는 애니메이션 기획서를 제작하는 데에도 유용하게 활용할 수 있다.

필자가 '비 오는 날 어두운 도심의 거리에서 지팡이를 가지고 하염없이 걷고 있는 노인과 바닥에 놓여 펄떡이고 있는 물고기의 내용을 주제로 애니메이션 기획서를 작성해 줘'라는 프롬프트로 기획서 작성을 요청하자 챗GPT는 다음과 같은 항목을 포함해 기획서를 작성해 주었다. "애니메이션 기획서: 물고기와 노인(The Fish and the Old Man)"이라는 제목, 작품 개요(장르, 타깃, 형식, 분량), 기획 의도, 시놉시스, 주요 캐릭터 설정, 세계관 · 배경 설정, 주요 테마 · 메시지, 비주얼 콘셉트 · 연출(색감, 애니메이션 스타일, 음악), 제작 계획 · 일정, 기대 효과. 일반적으로 애니메이션 기획서에 포함되어야 할 내용이 대부분 들어가 있지만, 최종적으로는 애니메이션 기획자가 기획 내용에 포함되어야 할 시각적 요소들을 따로 구상해 재작성할 필요가 있어 보인다. 이와 같이 기획서 같은 양식의 문서를 작성해 주는 생성형 AI도 그 종류가 매우 다양하므로 각각의 서비스 유형이나 특징, 장점 등을 잘 살펴 선택해야 한다.

미드저니는 풍부한 표현을 생성해 기획 초기 단계에서 콘셉트 이미지 등을 만들 때 중요한 역할을 할 수 있다. 더 나아가 스테이블 디퓨전 등을 활용해 미드저니로 만든 초안의 스타일을 수정하거나 퀄리티를 높여 가는 방식이 유용하게 사용되고 있다.

시놉시스, 시나리오 등이 어느 정도 정해지면 애니메이션의 전체적인 장면들이 시간의 흐름에 따라 어떻게 연출될지 확인할 수 있는 스토리보드(storyboard)를 만들어야 한다. 스토리보드 생성에 특화된 프로그램을 활용해 스토리보드를 자동으로 생성하고, 배경이나 캐릭터 등을 빠르게 구성하면 연출 방향을 신속하게 판단하고 결정할 수 있다. 한편 챗GPT처럼 언어 생성과 대화 방식에 특화된 생성형 AI는 스토리보드와 같이 서로 연결된 이미지들과 그에 대한 표현들을 한곳에 모아서 생성하는 작업은 잘 수행하지 못한다. 예를 들어 챗GPT에

'물고기와 노인이라는 주제로 3분 분량의 애니메이션 스토리보드를 작성해 줘'라고 주문하자 한 장의 이미지 그리고 타임라인에 따를 각 장면들을 묘사한 텍스트를 생성했다. 분명 필자가 원하는 결과물은 아니었다.

참고문헌

원석(2024). 생성형AI기술을 활용한 애니메이션 창작방식의 변화와 가능성에 관한 연구. 한성대학교 대학원 석사 학위 논문.

07
애니메이션 제작 단계 AI 활용

애니메이션 제작 단계에서 AI는 하나의 장면을 구성하는 캐릭터 표현, 정확한 움직임, 배경 작업 등에 효과적으로 활용된다. 더 나아가 기존 실사 촬영물을 애니메이션 스타일로 변경하거나 정지된 이미지를 애니메이션화하는 데에도 유용하게 사용할 수 있다.

AI와 윤동주?

애니메이션 제작과 AI 활용

애니메이션 제작(Main-Production) 단계는 복잡한 과정과 연출적 연속성 등을 필요로 한다. 이러한 이유로 기획 단계보다 많은 고려 사항과 AI 활용에 대한 구체적 계획 등이 요구된다. 특히 기획 단계는 최종 상영되는 결과물에 직접적으로는 영향을 미치지 않고, 필요한 경우 여러 번의 수정과 테스트가 가능한 반면 제작 단계에서는 어느 정도 구체화된 결과물이 나와야 하기 때문에 AI를 활용한 도전적 시도가 쉽지 않다. 아울러 기업은 그러한 시도와 각 실무자가 담당하는 기존 제작 파이프라인을 정교하게 맞춰 봐야 한다. 따라서 현재 제작 과정에서는 다양한 시도를 통해 AI 활용에 점진적으로 접근할 필요가 있다.

제작 단계에서 가장 핵심적인 부분은 움직임의 주체가 되는 캐릭터의 외형을 제작하기 위한 디자인, 모델링(modeling), 텍스처링(texturing) 등과 캐릭터가 극중 연출에 따라 자연스럽게 동작하게 하는 애니메이팅(animating)일 것이다. 생성형 AI를 활용하기 전까지 아티스트는 초기 스케치를 시작으로 단계별로 캐릭터의 외형과 세부 사항을 구체화하는 과정에서 전체적인 균형을 잡고 디테일한 부분을 반복적으로 수정하는 데 많은 시간과 에너지를 사용했다. 지금은 여러 3D 모델링 프로그램에 AI가 도입되면서 이와 같은 부담이 많이 줄어들고 있다. 대표적인 3D 제작 프로그램인 블렌더(Blender)에서는 생성형 AI 플러그인(plug-in)을 통해 캐릭터의 모델과 세부 사항을 생성할 수 있다. 텍스트 투 3D(Text to 3D) 모델의 등장도 새로운 가능성을 보여 주고 있다. 2023년 메타가 출시한 '3D젠(3D Gen)'은 텍스트 프롬프트를 이용해서 기존 작업 방식보다 3~10배 빠른 속도로 3D 모델을 만들 수 있다. 애니메이팅에서는 3D 애니메이션이 주가 되면서 모션 캡처와 게임엔진을 통해 어느 정도 자동화 과정이 정착했고, AI 기술을 활용한 다양한 애니메이팅 설루션이 개발되고 있다. 향후 더욱 발전된 생성형 AI를 통해 애니메이팅 또한 애니메이터가 지정하는 방향대로 정교한 결과물을 생성할 수 있을 것이다.

제작 단계에서 배경과 장면 생성은 애니메이션 전체 스토리의 전달력과 시각적 효과를 결정짓는 중요한 요소라고 할 수 있다. 영화에서 다양한 특수효과를 구현하는 후디니(Houdini)에서는 AI 기능을 통해 다양한 스타일의 장면을 생성할 수 있고, 각 장면에 다양한 환경 디테일을 추가할 수 있다.

이 외에도 창작자들이 많이 사용하는 그래픽 소프트웨어에 AI 기능들이 접목되면서 제작 효율성과 작품의 완성도를 크게 높이고 있다.

AI, 움직임을 만들다

애니메이션의 본질과 가치는 사람들에게 재미와 감동을 주는 것이지만, 제작에서 궁극적인 목적과 결과물은 움직임, 즉 영상을 만드는 데 있다. 역사적으로 사람들은 애니메이션에서 움직임을 만들기 위해 다양한 과학적 시도를 하며 기술을 이용했고, 움직임의 원리 등을 실험하고 연구하기도 했다. 이러한 움직임에 대한 연구들은 영상에 기반한 다양한 미디어에 영향을 미쳤다. 애니메이션 이론가인 모린 퍼니스(Maureen Furniss)는 애니메이션을 '움직임의 미학'이라고 지칭하기도 했다. 그만큼 애니메이션은 움직임에 대한 과학적 연구와 인간의 열정이 만들어 낸 결정체라고 할 수 있다.

시간이 흘러 AI가 애니메이션을 생성하는 시대가 되었다. 이로 인해 애니메이션의 핵심인 움직임을 만드는 제작 패러다임에도 큰 변화가 불가피한 상황이다. 움직임은 곧 동영상과 직결되는데, 여러 AI 관련 테크 기업들은 동영상을 생성할 수 있는 AI 개발에 박차를 가하고 있다.

미디어를 통해 산업적으로 큰 영향력을 미칠 수 있고, 그 영향력을 비즈니스로 연결하기에 용이한 영역이 동영상이기 때문이다. 대표적 동영상 생성형 AI로는 2024년 오픈AI가 출시한 '소라', 메타의 '무비 젠(Movie Gen)', 구글에서 발표한 '비오2(VEO2)'가 있다. 이 외에도 대표적 이미지 생성형 AI 스테이블 디퓨전의 동영상 버전인 스테이블 비디오 디퓨전 등이 있다. AI 기반 영상 플랫폼으로서 퍼포먼스가 뛰어나고 실사적 카메라 무빙이 자연스러운 '루마AI(Luma AI)', 음향효과 · 음성 · 영상 등을 모두 생성할 수 있는 올인원 모델로 각광받고 있는 '피카(Pika)' 또한 경쟁력 있는 동영상 생성형 AI라고 할 수 있다. 현재 여러 글로벌 테크 기업들이 큰 관심을 보이고 있기 때문에 경쟁력 있는 동영상 생성형 AI가 계속해서 출시될 것으로 예상된다.

필자는 직접 몇몇 동영상 생성형 AI를 테스트해 보았다. 일례로 소라에 다음과 같은 프롬프트를 입력하고 결과를 살펴보았다. '비 오는 날 가로등만 몇 개 켜져 있는 어두운 도심의 거리에서 지팡이를 가지고 걷고 있는 노인과 바닥에 놓여 있는 물고기의 내용으로 애니메이션을 만들어 줘.' 약간의 오류가 있었지만 전체적인 분위기는 필자가 생각한 대로인 약 5초 분량의 영상을 제작해 주었다. 이와 같이 프레임 조정을 넘어 하나의 컷(cut)이나 신(scene) 자체를 생성하는 AI가 등장하면서 움직임, 애니메이팅에 대한 접근 방식이 크게 변화할 것으로 예상된다.

애니메이션 제작 기술과 AI의 융합

애니메이션의 정체성은 동작, 움직임에서 나온다고 할 수 있다. 애니메이션의 캐릭터가 보여 주는 독특한 동작과 움직임은 애니메이션을 실사 영상 등과 구분 짓고 애니메이션만의 정체성을 유지하는 매우 중요한 요소다. 이러한 이유로 애니메이션 창작자들은 오랜 시간 동안 움직임을 끊임없이 연구하고 관련 기술을 발전시켜 왔다.

생성형 AI 이전에 움직임을 생성한 주요 기술로는 모션 캡처가 있다. 모션 캡처란 인체에 센서를 부착하고 인체의 움직임 데이터를 디지털 형태로 기록하는 작업이다. 영상과 관련된 영화, 애니메이션, 게임, 방송 등의 분야에서 널리 사용되고 있다. 이 기술에 기반해 모션 트래킹(motion tracking. 인물의 움직임을 감지하고 이동 경로를 추적하는 기술)이나 볼류메트릭(volumetric. 수백 대의 카메라를 이용해 인물의 움직임을 캡처해서 360도 입체 영상을 생성하는 기술) 같은 기술이 발전했다. 이 외에도 디지털 휴먼(Digital Human. 디지털로 구현된 인간형의 캐릭터) 기술 역시 움직임을 표현하기 위한 기술의 한 축으로 발전해 왔다. 이러한 기술들은 최근 AI와 융합하면서 한층 고도화된 결과물들을 선보이고 있다.

참고문헌

원석(2024). 생성형AI기술을 활용한 애니메이션 창작방식의 변화와 가능성에 관한 연구. 한성대학교 대학원 석사 학위 논문.

08
애니메이션 후반 작업 단계 AI 활용

애니메이션 후반 작업은 본 제작이 종료된 후 그 결과물을 최종 영상으로 조정하는 단계다. 이때 편집, 사운드 작업, 효과 작업 등이 진행된다. 여기서 AI는 제작이 종료된 이후 영상을 보완해야 하는 상황에 효과적으로 대처할 수 있기 때문에 영상 · 애니메이션의 완성도에 획기적 영향을 미칠 수 있다.

AI와 한의학?

애니메이션 후반 작업과 AI 활용

후반 작업(Post-Production)은 촬영이 종료되거나 메인 제작이 완료된 이후부터 세부적인 조정을 통해 최종적으로 상영할 영상을 만들어 가는 과정이다. 이 과정에서 가장 중요한 것이 편집 작업과 사운드 작업, 특수효과 작업이다.

기획 과정이나 제작 과정과 마찬가지로 후반 작업에도 생성형 AI를 활용할 수 있다. AI는 효율적인 영상 편집 방법을 통해 시간을 대폭 줄이거나 편집에 필요한 영상 데이터를 새롭게 생성할 수 있다. 새로운 생성형 AI 기능이 포함된 어도비 프리미어(Premiere)에는 원본 비디오에 없던 영상 클립을 생성할 수 있는 '생성형 확장' 기능이 있다. 또한 대본과 캡션 등을 자동으로 생성할 수 있고, 색 보정(Digital Intermediate, DI)과 오디오 조정을 비롯해 영상의 리프레임 작업도 간소화할 수 있다.

시각 특수효과는 물, 불, 연기와 같이 물리적 · 자연적 표현이 필요한 시뮬레이션 부분과 매트 페인팅(Matte Painting)부터 합성에 이르기까지 매우 다양하다. 이러한 합성은 어도비 애프터이펙트(AfterEffect)의 다양한 AI 플러그인을 통해 지원되고 있다. 예를 들어 네온마인드(NeonMind) AI 스크립트는 사용자가 애프터이펙트

내에서 스테이블 디퓨전 같은 생성형 AI 모델을 호출할 수 있게 해 창작자에게 새로운 시각적 아이디어를 탐색할 기회를 준다. 일반적인 생성형 AI에서도 특수효과 생성에 대한 시도들이 이루어지고 있다. 예를 들어 피카는 '초현실' 특수효과를 추가했다. 생성형 AI를 이용한 특수효과 생성은 앞으로도 더욱 빠르게 발전할 것으로 보인다.

생성형 확장을 통한 편집 효과

필자는 후반 작업에서의 편집을 미장센(mise-en-scène)이라는 용어를 사용해서 설명하곤 한다. 미장센은 무대예술인 연극, 오페라, 뮤지컬 등에서 사용되는 용어로, '무대 위 등장인물의 배치나 역할, 무대장치, 조명 따위에 대한 총체적인 계획'을 의미한다. 필자가 이 용어를 사용한 것은 결국 영상 편집을 통해 예술적 조정이 가능하다는 점을 강조하기 위함이었다.

AI를 통한 편집 효과에서 가장 큰 기대를 모으는 것은 '생성형 확장'일 것이다. 편집은 또 하나의 연출로 알려질 만큼 전체적인 극의 연출·스토리 구성 측면에서 매우 중요한 부분이다. 경우에 따라서는 필름의 분량이 많거나 적을 수 있고, 필요한 내용이 부족할 때도 있다. 이는 편집을 통한 연출 확장에서 큰 문제점이 아닐 수 없다.

생성형 확장은 창작자의 의도대로 원본 필름에 프레임을 추가·확장함으로써 연출 방향과 스토리를 전달할 수 있다. AI를 통한 생성형 확장은 기본적으로 원본 필름의 길이를 늘이거나 원래 촬영하지 않았던 장면을 인위적으로 만들어 주는 개념이다. 예를 들어 어도비 프리미어의 생성형 확장 기능은 타임라인에서 생성형 AI를 사용해 클립을 선택하고 드래그해 늘리는 방식으로 영상의 길이를 확장할 수 있다. 이를 통해 캐릭터의 반응을 조금 더 길게 유지하거나 부드러운 장면 전환을 만들 수 있고, 배경음을 늘리거나 원하지 않는 카메라 움직임 등을 숨길 수도 있다. 단, 이 기능은 아직 베타 버전이라 확장할 수 있는 길이는 2초, 해상도 또한 1920×1080으로 제한되어 있다. 따라서 제한된 해상도 수준에서 아주 짧은 시간의 영상 처리가 필요할 때 도움이 될 수 있다. 프리미어 외에도 젠-2(Gen-2) 등의 비디오 생성형 AI를 통해 영상 길이를 늘이는 비디오 확장과 편집 등이 가능하다.

AI를 통한 디지털 마스터링

본래 마스터링(mastering)이라는 용어는 영화나 영상 관련 콘텐츠 제작 시 음향 등을 환경에 맞게 최적화하는 작업을 의미한다. 하지만 이 책에서는 그 개념을 좀 더 확대해 작품의 최종 완성도를 높이는 측면에서의 AI의 다각적 활용을 이야기하려 한다.

먼저 완성도를 높일 수 있는 마스터링 작업을 살펴보자. 한 편의 영상, 애니메이션은 기획-제작-후반 작업의 프로세스를 통해 완성된다. 단계별로 세부적 작업 과정으로 구분되고, 과정별로 필요한 인력과 소프트웨어 등이 세팅된다. 소프트웨어에는 과정상 필요한 기능에 AI가 적용될 수 있다. 독립적인 생성형 AI를 활용할 경우 과정별로 활용 범위와 필요한 기능들을 상세하게 확인하고 미리 정교한 테스트를 해 봐야 완성도를 기대할 수 있다.

마스터링이라는 개념 자체가 음향과 관련되어 있기도 하지만, 오늘날 영상에서 사운드의 중요성과 비중은 점점 더 커지고 있다. 사운드는 영상 전체에서는 작은 부분이라 할 수 있다. 하지만 창작자가 느끼는 비중은 이보다 훨씬 크다. 대부분의 사운드 생성형 AI는 텍스트 프롬프트로 전체 영상 분위기에 맞는 배경음악을 제작해 준다. 2024년 엔비디아(NVIDIA)는 텍스트 투 오디오(Text to Audio) 유형의 생성형 AI 모델인 '푸가토(Fugatto)'를 개발했다. 푸가토는 뛰어난 정교함으로 텍스트와 오디오

파일 등을 조합해서 음악, 음성, 사운드 등 다양한 조합으로 이루어진 결과물을 생성할 수 있다. 음악 PD들은 이와 같은 생성형 AI를 통해 아이디어를 빠르게 프로토타입화하거나 편집할 수 있으며 다양한 스타일의 음악, 목소리, 악기 등도 시도해 볼 수 있다.

마지막 단계는 영상에 필요한 다양한 정보 전달용 자막, 더빙(dubbing), 내레이션(narration) 생성에 최적화된 AI 등을 효과적으로 활용하는 것이다. 기존 소프트웨어에서 지원하는 AI 기능을 활용하거나 동영상 생성형 AI, 음성 생성형 AI[주로 TTS(Text-to-Speech)] 등을 활용해 자막, 더빙과 내레이션을 생성할 수 있다.

참고문헌

원석(2024). 생성형AI기술을 활용한 애니메이션 창작방식의 변화와 가능성에 관한 연구. 한성대학교 대학원 석사 학위 논문.

어도비 홈페이지
http://www.adobe.com

09
AI 시대, 크리에이터로서 애니메이터

AI 시대가 열리면서 생성이 창작을 주도하고 있다. 하지만 생성의 창작에는 한계가 있고 인간의 창의성에는 한계가 없다. 여전히 창작의 주체는 크리에이터의 몫이고 애니메이터는 창작의 주체로서 애니메이션의 새로운 가능성을 탐색하고 혁신을 주도해야 한다.

AI와 화장품?

AI 시대의 크리에이터

창작자라는 의미를 지닌 크리에이터는 메타버스(Metaverse)와 유튜브를 통해 크리에이터 미디어(Creator Media)라는 개념을 발전시키면서 크리에이터 전성시대를 열었다. 사실 창작자와 크리에이터라는 용어를 구분해서 쓸 필요는 없지만 크리에이터 미디어라는 것이 1인 창작자를 지칭하는 용어로 더 대중적으로 사용되고 있기 때문에 이 장에서는 크리에이터라는 용어를 사용하려 한다. 크리에이터는 AI를 활용한 다양한 애니메이션 콘텐츠를 생산하면서 AI 애니메이션의 가능성을 열고 있기 때문에 AI 시대에 애니메이션을 주도적으로 이끌어 갈 아이콘(icon)으로 부상하고 있다.

AI 애니메이션은 많은 가능성을 갖고 있지만, 기술적 측면, 사회 인식적 측면 그리고 창작 측면에서 아직 분명한 한계 역시 보인다. 이러한 한계 속에서도 AI 애니메이션의 가능성을 보여 주고, 실제 분위기를 주도하고 있는 것은 크리에이터들이 만든 다양한 유형의 창작품일 것이다. 그중 최근 가장 이슈가 되고 있는 것이 쇼트폼형 애니메이션이다. 그 자체만의 형식이 있는 쇼트폼은 콘텐츠에 대한 새로운 소비 트렌드라고 할 수 있다. 현재 AI 애니메이션은 기존의 애니메이션 제작 과정인 기획-

제작-후반 작업을 따라 단계별로 적절한 생성형 AI를 사용해서 각각의 요소들을 제작한 후 기존 방식과 융합해 제작해야 한다. 이와 같은 방식도 분명 이전보다 효율적인 프로세스라고 할 수 있지만, AI의 빠른 생성과 효과 등을 이용해서 만든 애니메이션을 유튜브와 같은 디지털 플랫폼을 통해 유통하기에는 한계가 있다. 하지만 쇼트폼 애니메이션은 생성형 AI의 기술과 특성을 충분히 활용할 수 있기 때문에 현재 많은 크리에이터들이 AI를 활용한 쇼트폼 애니메이션을 시도하고 있다.

예상컨대 향후에는 텍스트 투 애니메이션의 방식으로 애니메이션을 생성하면서도 창작자가 의도한 방향대로 정교한 애니메이션이 창작될 것이다. 하지만 그전까지 AI 애니메이션에 대한 도전적인 시도는 주로 크리에이터가 수도할 것으로 보인다. 필자는 최근 한국콘텐츠진흥원(KOCCA)에서 주관했던 창의인재동반사업 중 'AI 기술을 활용한 쇼트폼 애니메이션 콘텐츠 크리에이터 인재 양성' 운영 플랫폼의 책임을 맡으면서 크리에이터들이 AI를 활용해 쇼트폼 애니메이션을 제작하고 유튜브를 통해 그 결과물을 퍼블리싱(publishing)하는 과정을 지켜볼 수 있었다. 이는 AI 애니메이션의 가능성과 애니메이션 창작자의 입장에서 좀 더 주의 깊게 그리고 면

밀히 준비해야 할 것들에는 무엇이 있는지 살펴볼 수 있는 기회였다.

크리에이터들은 AI를 활용할 때 형식에 크게 얽매이지 않는다. 애니메이션이라는 형식은 따르지만 상영 시간, 프레임의 비율과 크기, 명확한 내러티브(narrative)를 따라가지 않는다. AI 활용의 이점이 아이디어를 빠르게 시각화·영상화하고 화면을 더욱 자유롭게 구성하는 데 있기 때문일 것이다. 당분간 AI를 활용한 크리에이터들의 애니메이션은 새로운 유형으로서 AI 애니메이션의 가능성을 확인할 기회를 제공할 것이다.

결국, 애니메이션을 알아야 한다

유튜브가 2024년 발표한 "기술과 창의성의 미래(The Future of Tech and Creativity)"라는 보고서에 따르면 생성형 AI가 크리에이터 생태계에 빠르게 확산되고 있고 92퍼센트의 크리에이터들이 생성형 AI 도구를 활용하고 있다. 구글에서 진행한 '예술가들이 AI를 활용하는 방식'에 관한 연구를 통해, 그 결과를 어느 정도 설득력 있게 받아들일 수 있을 것이다. 연구 결과에 따르면 아티스트들이 AI를 활용하는 방식은 크게 두 가지다. 첫째는 AI 자체를 새로운 창작 도구이자 예술 매체로 인식하는 경우다. 둘째는 AI를 창작 과정에서 아이디어를 구체화하고 의사소통하기 위한 실용적 도구로 활용하는 경우다. 결국 이는 AI와 예술 · 창작의 경계가 흐려지면서 아티스트들이 AI를 창조적인 작품을 만들기 위한 새로운 방식으로 받아들이고 있음을 보여 준다고 해석할 수 있지만, 가장 중요한 것은 아티스트들이 자신의 작품에 대한 주체가 되어 'AI를 어떻게 활용하겠다'라는 명확한 관점을 가지고 있다는 점이다.

인터넷에서 검색을 하다 보면 'AI 크리에이터'라는 용어를 마주한다. 이 용어는 인간을 지칭하는 것이 아니라 인공지능이 창작의 주체가 된다는 것을 의미한다. 하지만 AI는 아직 불안하다. 불안한 이유는 창작자의 의도대로 결과가 나오지 않기 때문이다. 시스템이 불안정해 오류가 발생하거나, 의도하지 않은 결과물이 생성되거나, 사용 과정을 주도하지 못할 때 창작자는 AI를 신뢰하지 못할 것이다. 그러나 AI를 활용해 애니메이션을 창작하는 크리에이터 입장에서는 오히려 이와 같은 상황들이 좀 더 도전적인 작품을 만드는 계기가 될 수 있다. 만약 AI로 애니메이션을 완벽하게 컨트롤할 수 있고 창작자가 원하는 방향대로 창작할 수 있었다면 새로운 형식의 애니메이션이 나타날 기회는 없었을지도 모른다.

현재 생성형 AI가 애니메이션을 만들어 내는 과정과 그 결과물 등을 살펴보면 여전히 창작의 주도권은 인간에게 있는 듯하다. 하지만 앞으로 상기한 오류가 발생하지 않고, 의도한 대로 결과물이 생성된다면 창작의 주도권이 AI에게로 넘어가는 것인가? 그렇지는 않을 것이다. 대부분을 AI가 생성하고 일부 창의적인 부분을 인간이 담당한다고 해도, 창의적인 부분에 어느 정도 비중을 두느냐가 관건이라고 본다. 단, AI를 일부 창작의 주체로 인정하는 경우도 있을 것이다. 분명한 것은 앞으로 생성이 아닌 창작의 주체로서 AI가 크리에이터로 발전하게 된다면 인간 크리에이터의 입지가 점점 좁아질 가능성이 충분하다는 점이다.

지금까지 다양한 주제와 관점으로 창작과 생성에 대해 논의된 내용들을 살펴보면, 결국 애니메이션을 잘 이해하고 많은 경험을 가진 사람들이 AI를 잘 활용해서 더욱 창의적이고 좋은 애니메이션을 만들 가능성이 높다는 점을 분명히 알 수 있다.

AI와의 협업

창작자가 애니메이션 기획이나 제작 측면에서 AI를 활용하는 것에는 분명 다양한 이점이 있다. 아이디어 등을 빠르게 시각화(스토리보드, 프리 비주얼라이제이션 등) 할 수 있고 창작자가 반복적이고 소모적인 일들에서 벗어나 더 창의적인 일과에 몰입할 수 있게 한다는 점이 가장 큰 장점일 것이다. 이와 함께 기획서도 생성형 AI가 작성해 주기 때문에 (아직 완벽하게 완성된 기획서라기보다는 1차 초안 정도로 참고하기에 충분한 정도다) 다른 사람들과 내용을 공유하기에도 훨씬 더 용이하다. 물론 실제 프로젝트에 사용한 경우와 어느 정도로 어떻게 사용했는지 등에 대한 분석 자료가 부족한 상황에서 AI와의 협력이 어느 정도로 실효성을 가질 수 있는지는 분명하지 않다. 하지만 한국콘텐츠진흥원의 조사 결과에 따르면 애니메이션 분야에서 AI에 대한 관심과 기대는 타 콘텐츠에 비해 매우 높다. 이를 보면 애니메이션 창작자에게 AI가 꽤 유용한 도구로 인식되고 있음을 확인할 수 있다. 산업별 생성형 AI 이용 빈도를 살펴보면 콘텐츠 11개 분야 중 애니메이션이 '대체로 이용'하는 비율이 92.9퍼센트로 가장 높다. 애니메이션은 인공적으로 만들어진 이미지에 기반하기 때문에 AI로 생성된 이미지에 대한 거부감이 적다는 점과, 복잡한 프로세스 중 어느 한 부분에라도 AI를 활용하는 것이 좀 더 효과적이겠다는 인식이 작용했다고 할 수 있다.

넷플릭스의 AI 활용 시도작 〈개와 소년〉의 애니메이션 감독 마키하라 료타로(Makihara Ryotaro)는 "툴과 손으로 그리는 수법을 조합해 인간만이 할 수 있는 일에 집중한 결과, 표현의 폭을 넓힐 수 있다는 점을 실감했다"고 말했다. AI와의 협업이 궁극적으로 크리에이터들에게 아이디어 개발과 같이 창의적인 부분에 더 많은 시간과 에너지를 할애할 수 있는 기회가 되고 있다는 점을 알 수 있다. 이러한 이점을 애니메이션 창작자들이 빠르게 이해하고 수용하고 있다는 점에서 향후 시도될 다양한 AI 애니메이션 작품들을 기대해 볼 수 있지 않을까 생각한다.

참고문헌

Shelby, R., Rismani, S., & Rostamzadeh, N.(2024). Generative AI in Creative Practice: ML-Artist Folk Theories of Use, Harm, and Harm Reduction. *CHI'24, ACM.*

한국콘텐츠진흥원(2023). 『2023년 상반기 콘텐츠산업 동향분석 보고서』.

10
AI를 통한 애니메이션의 가능성, 지향

우리는 어떤 미래의 애니메이션을 기대하는가? 새로운 기술은 새로운 애니메이션을 탄생시켰고 애니메이션이 이전과는 다른 재미와 감동을 줄 수 있게 했다. 사람들이 AI 애니메이션에 기대하는 본질과 가치 또한 크게 다르지 않을 것이다.

종교와 AI?

AI 시대, 애니메이션의 가능성과 한계

AI는 창작자의 경험을 무한대로 확장하고 있다. 애니메이션 작품의 유형뿐 아니라 작품에 대한 창의적이고 다양한 접근, 관객과의 소통, 참여에 대한 기회를 넘어 미래의 가능성까지 확장하고 있다. 크리에이터들은 AI를 활용해 다양한 실험과 시도를 하고 있으며 새로운 유형의 애니메이션을 창작하고 이를 통해 빠르게 관객과 소통하면서 새로운 가능성들을 확인하고 있다. 애니메이션 제작자들은 제작 프로세스상의 단계별 실효성 등을 파악하면서 가장 효율적이면서도 창의적인 애니메이션 제작 설루션 등을 시스템화하고 있다. 이와 함께 애니메이션 창작자들과 학생들은 자신만의 AI 제작 설루션을 찾으면서 AI 시대가 이끌어 갈 미래를 준비하고 있다. 여기서 모두가 새로운 출발점에 선 모습 역시 확인할 수 있다.

필자는 지금까지 여러 자료를 분석 · 관찰하고 실제로 생성형 AI를 사용하면서 미래 AI 애니메이션의 충분한 가능성을 확인할 수 있었지만, 이에 못지않게 한계 또한 분명히 발견했다. AI는 여전히 기술적 오류도 많을뿐더러, AI가 생성한 결과물을 창작품으로 인정해야 하는지에 대한 인식의 문제와 저작권 침해, 사회 문제로까지 확대된 가짜 뉴스 등에 대한 기준이 명확하지 않다는 점은 창작자 입장에서 걸림돌임이 분명하다. 창작의 조력자 역할로 새로운 비즈니스 모델을 만들어 가야 할 생성형 AI 개발사들도 이러한 상황이 반가울 리 없을 것이다. AI 발전을 통해 창작 환경을 안정적이고 지속적으로 개선, 발전시켜 나가려면 AI 창작 생태계 조성과 선순환 구조를 우선시할 필요가 있다.

기술과 밀접한 연관성을 갖고 발전해 온 애니메이션은 컴퓨터에서 가상현실에 이르기까지 새롭고 혁신적인 기술이 등장할 때마다 새로운 가능성을 보여 주었다. 그러한 가능성들은 단순히 시각적 표현의 완성도를 높였을 뿐 아니라 새로운 유형을 탄생시켰으며, 관객을 작품에 온전히 몰입시켜 더 큰 감동과 재미를 주는 역할을 했다. 이제 그 역할을 AI가 이어받았다. 아직 해결되지 못한 한계 속에서도 이전의 기술과는 다른 어떠한 혁신적 가능성을 보여 줄지에 대해 애니메이션 산업 전체의 관심과 기대가 집중되고 있는 상황이다.

생성에서 다시 창작으로

생성형 AI가 첫선을 보였을 때, 그것이 혁신적이고 놀라운 기술임은 분명했지만 아직 의도된 대로 이미지가 표현되지 않거나 정보 해석에서 발생하는 오류 등으로 완벽한 이미지 생성까지는 아직 해결해야 할 문제들이 많이 있는 듯했다. 시스템적 오류뿐 아니라 저작권이나 윤리적 측면에서 많은 문제점이 발견되고 있다. 이는 기술적 오류보다 창작의 의지를 더 감소시키는 원인이 될 수 있다. 이를 보완해 생성형 AI가 완벽한 도구로 자리 잡기까지는 좀 더 시간이 필요해 보인다.

이러한 상황에서 최근 어도비에서 제공하는 생성형 AI 파이어플라이를 비롯해 몇몇 생성형 AI가 지향하는 것은 창작자가 생성형 AI에 어떠한 관점을 가질지에 대해 좀 더 분명한 해답을 줄 수 있을 것으로 보인다. 대부분의 생성형 AI들이 결과물 생성 자체에 목적을 두고 있지만, 파이어플라이는 창작자가 최대한 본인이 생각하고 의도한 대로 아이디어를 실현할 수 있도록 돕는다. 이를 통해 이미지 표현, 스타일 기능을 중심으로 정확성과 다양성 측면에서 AI 기능이 향상되고 있음을 확인할 수 있다. 이로써 크리에이터들은 우연적인 효과[확률 기반의 랜덤성(randomness)]가 아니라 의도한 대로 창작할 기회를 얻을 수 있다. 창작의 주체로서 사람들이 AI를 효과적인 도구로 활용할 수 있게 하는 기능들이 제공되고 있다는 점도 현재 생성형 AI의 한 방향성으로 볼 수 있다. 이러한 경향은 창작자들이 창작의 주체로서 AI와 경쟁하는 구도를 넘어 AI를 창작 활동에 매진할 수 있도록 돕는 조력자로 이해하고, AI의 의미에 대한 좀 더 명확한 메시지를 얻을 수 있게 할 것이다.

순식간에 '생성'이 부각되면서 '창작'과 '생성'은 위치가 뒤바뀌는 듯했다. 하지만 현재의 트렌드가 보여 주듯 창작의 본질과 가치는 생성이 대체할 수 없으며 변하지 않는다.

다시 '창작'과 '생성'을 생각해 본다. 지금까지 창작이라는 것을 너무 당연시했던 것에 대한 후회와 함께 창작의 가치를 다시 한번 높게 평가할 수 있다는 점은 어쩌면 생성이 가져다준 소중한 기회일 수 있다.

2024년 〈룩 백(Look Back)〉이라는 애니메이션이 개봉했다. 창작자인 애니메이션 등장인물의 진심과 현실의 창작자, 애니메이션 감독이 묘하게 연결되면서 감동을 준 작품이다. 창작은 결국 창작자의 진심이자 열정이 담긴 과정, 이를 통해 만들어 낸 산물이다. 우리가 그러한 진심과 열정을 이해하고 높이 존중하는 한 AI가 무엇이든 만들어 내는 '생성'의 시대에도 창작의 본질과 가치를 지키려 하는 많은 창작자들과 함께 '생성'에서 '창작'으로 나아가는 시간은 계속될 것이라고 믿는다.

미래의 애니메이션을 바라보다

사람들은 실사 영화와는 다른 디즈니(Disney)나 픽사(Pixar), 지브리(Ghibli) 애니메이션을 보면서 많은 것들을 상상하고, 재미와 감동을 느낀다. 그러한 애니메이션은 깊은 동경과 여운을 남긴다. 그것이 인간 역사에서 애니메이션이 차지하고 있는 본질이자 가치일 것이다.

AI 시대, 애니메이션의 본질과 가치를 생각하면서 창작의 의미를 되새겨 본다. 이 책에서는 계속해서 '창작'과 '생성'을 핵심적으로 얘기해 왔다. 생성형 AI가 만들어 낸 애니메이션은 완전히 창작의 반대쪽에 있는 것인가? 생성형 AI가 만든 애니메이션은 전통적으로 애니메이션 하면 떠오르는 본질과 가치를 충족하지 못하는가? 이 책은 이러한 질문에 대한 답을 찾는 과정이었다. 인간 이전에는 스스로 창작한다는 개념이 없었다. 그렇기 때문에 창작을 인간 고유의 영역이라고 했는데, 창작의 범위를 좀 더 확장하면 생성형 AI가 만든 결과물도 창작의 범위에 들어갈 수 있다. 단, 그러한 창작물은 인간의 창작물과는 다르다는 점을 인식할 필요가 있다.

애니메이션에 AI를 활용하더라도 애니메이션의 본질과 가치는 변하지 않을 것이다. 오히려 AI는 창작자와 애니메이터들의 생각과 손을 더 자유롭게 하므로 더 독창적이고 흥미로우며 감동적인 애니메이션 탄생에 기여할 수 있다. 하지만 창작자와 애니메이터가 창의성에 대한 의지를 잃고 AI에 매몰된다면 사람들은 더 이상 애니메이션을 찾지 않을 것이다. 여기서 애니메이션 자체의 작품성이 AI 시대에도 변하지 않는 본질과 가치라는 점을 확인할 수 있다.

가까운 미래에 AI 애니메이션이 더 보편화하고, 창작가가 완벽하게 의도한 AI 애니메이션을 관람할 날이 분명 올 것이다. 그러나 그때도 관객들은 여전히 재미와 감동을 기대할 것이다. 단, 우리가 미래의 애니메이션을 바라보고 있을 때 마지막 엔딩 크레디트에 우리가 지금까지 함께했던 창작자들의 이름 대신 AI의 이름이 새겨질 때는 좀 더 생각이 깊어질 것 같다.

참고문헌

김효용(2018). 『애니메이션 기술론』. 커뮤니케이션북스.

김효용

한성대학교 디자인대학 영상·애니메이션디자인 트랙 교수다. 홍익대학교에서 디자인을 전공하고 미국 칼아트(Cal Arts)에서 실험애니메이션으로 석사 학위를, 연세대학교에서 컴퓨터과학으로 박사 학위를 받았다. 미국 University of the Arts 초빙교수를 비롯해 한성대학교 대외협력처장, 디자인대학장, (사)한국애니메이션학회 회장, 한국콘텐츠진흥원 이사 등을 역임하고 현재는 한성대콘텐츠디자인칼리지 원장, (사)한국캐릭터학회 회장, (사)한국애니메이션산업협회 고문, 방송통신위원회 국내 제작 애니메이션 인정 자문위원을 맡고 있다. 다수의 애니메이션을 비롯한 디지털콘텐츠 제작에 참여했고 최근까지 ICT와 영상·애니메이션이 융합된 형태의 연구와 프로젝트 등을 수행 중이다. 주요 저서로 『인공지능 대화시스템 연구』(2012), 『디지털미디어와 콘텐츠산업의 이해』(2015), 『애니메이션 기술론』(2016) 등이 있다.